Systemtheorie als wissenschaftlicher Bezugsrahmen für eine Handlungstheorie Sozialer Arbeit

von

Michael Klassen

Tectum Verlag
Marburg 2001

Die Deutsche Bibliothek - CIP-Einheitsaufnahme

Klassen, Michael:
Systemtheorie als wissenschaftlicher Bezugsrahmen für eine Handlungstheorie Sozialer Arbeit
/ von Michael Klassen
- Marburg : Tectum Verlag, 2001
ISBN 3-8288-8212-9

Tectum Verlag
Marburg 2001

INHALTSVERZEICHNIS

1. Einleitung

Als ich zum erstenmal das Buch von Peter Lüssi (1992) las, war ich von der für mich neuen Perspektive des systemtheoretischen Denkens fasziniert. Nicht zuletzt die Verweise von Lüssi auf Parsons und Luhmann brachten mich zu der Auseinandersetzung mit den Werken von diesen Systemtheoretikern und der nachfolgenden Überlegung, die Arbeit über Systemtheorie zu verfassen.

Diese Arbeit soll jedoch ein Versuch sein, über die blosse Darstellung der Systemtheorie hinaus deren Nutzen und Reichweite als möglichen wissenschaftlichen Bezugsrahmen einer Handlungstheorie der Sozialen Arbeit zu erforschen, denn die neue Sichtweise des systemischen Denkens vermag gerade auf dem Gebiete des Sozialen im Hinblick auf die soziale Problemlösung gute Dienste zu leisten.

Die wissenschaftliche Grundlage Sozialer Arbeit trägt dazu bei, die berufliche Spezifität Sozialer Arbeit mehr auszuarbeiten und damit eine bessere Abgrenzung zu anderen Berufen zu erreichen. Dass dabei gerade Systemtheorie eine grosse Rolle spielt, liegt auf der Hand, denn das Spezifikum der Sozialen Arbeit ist die systemische und ganzheitliche Betrachtung von kumulativen Problemlagen.

Das systemische Vorgehen führt also von der nur individuellen Betrachtung der Problemlagen und der damit im Zusammenhang stehenden persönlichen Schuldzuweisung auf die KlientenInnen der Sozialen Arbeit zu einer ggf. mehrere Systeme umfassenden Problemdefinition, Problembeurteilung, Problembearbeitung und Problemlösung.

Man sollte sich jedoch bewusst sein, dass die Einteilung der Welt in die Systeme, ihre Elemente, Beziehungen und die Umwelt eines Systems lediglich das Gedankenkonstrukt ist, das verhilft, die Realität zu begreifen, sie mit zu gestalten und bessere Anpassung an sie zu erreichen. Systemtheorie ist also eine Methode der Beschreibung der Welt, wobei der Beobachter diese Beschreibung nach gewissen - systemischen - Regeln vornimmt.

Das soll jedoch nicht die Meinung suggerieren, dass das systemtheoretische Denken die einzig wahre Möglichkeit des Begreifens der Welt ist. Vielmehr bringt es in individuelle und personenzentrierte Wahrnehmung, Beschreibung und Beurteilung einen Perspektivenwechsel ein, so dass gewohnte Denk- und Handlungsmuster aufgebrochen werden können.

Darüber hinaus lehrt die systemische Betrachtungsweise, dass die Prozesse in sozialen Systemen nicht linear, sondern zirkulär ablaufen. Das Verhalten von A wirkt also über die Reaktion von B wieder auf A rekursiv zurück.

Insbesondere in der praktischen Sozialarbeit ist diese Sichtweise von Belang, denn so können die komplexen Ereignisse (partiell) besser erfasst, analysiert und bearbeitet werden.

Aber nicht nur für die Praxis der Sozialen Arbeit ist es wichtig, systemisch zu denken und zu handeln. Auch die wissenschaftliche Grundlage Sozialer Arbeit, insbesondere eine Handlungstheorie Sozialer Arbeit kann von systemischer Betrachtungsweise profitieren, die sogar den wesentlichen Beitrag zur notwendigen Professionalisierung leisten kann. Die Theorien und Methoden von Silvia Staub-Bernasconi (1983a, 1986, 1995) und Lüssi (1992) bestätigen diese These.

Unter der Theorie der Sozialen Arbeit kann eine Landkarte vorgestellt werden, die dazu verhilft, die Praxis besser zu strukturieren und bessere Orientierung in dieser zu erreichen. Diese Landkarte soll jedoch nicht etwas absolutes, ruhendes, unveränderliches, mechanisches abbilden, sondern den wechselseitigen, vernetzten, ganzheitlichen und prozesshaften Phänomen der Praxis der Sozialarbeit gerecht werden.

Gerade die Systemtheorie, die als Lehre von Wechselbeziehungen der Systeme aufgefasst wird, kann für die Theorie Sozialer Arbeit in diesem Sinne vom grossen Nutzen sein, denn die Systemtheorie bringt ins gewohnte Bild neue Perspektiven der Veränderung in Raum und Zeit ein.

Legt man die obigen Tatsachen zugrunde, so wird verständlich, dass im ersten Abschnitt der Arbeit die Systemtheorie dargestellt wird. Diese Darstellung der Systemtheorie geschieht nach der in Anlehnung an Hollstein-Brinkmann (1993) aufgestellten Gliederung.

Ich gehe dabei sowohl auf die in der angelsächsischen Sozialen Arbeit eine wichtige Rolle spielenden nichtautopoietischen systemtheoretischen Ansätze (Bertalanffy 1968, Miller 1978, Rapaport 1988) als auch auf die autopoietischen Theorien von Maturana/Varela (1982) und Luhmann (1988) ein.

Insbesondere bei der späteren Auseinandersetzung mit den systemtheoretischen Vorschlägen von Heiner, Lüssi und Staub-Bernasconi zur Konstituierung einer Handlungstheorie wird es sehr wichtig, zwischen verschiedenen systemtheoretischen Ausrichtungen zu unterscheiden, denn die verschiedenen AutorInnen - mögen sie im Einzelnen doch auf die grundlegenden Aussagen der Systemtheorie zurückgreifen - gehen von verschiedenen metatheoretischen Grundlagen aus.

Im zweiten Abschnitt betrachte ich die gegenwärtige Position der Sozialen Arbeit als Wissenschaft, wobei sowohl die Schwierigkeiten der Etablierung der Sozialen Arbeit als Wissenschaft als auch die Vorschläge der verschiedenen AutorInnen zur Gegenstandsbestimmung der Sozialarbeitswissenschaft erläutert werden. Dabei sei darauf hingewiesen, dass eine ausgearbeitete Handlungstheorie durchaus einen wesentlichen Beitrag zur wissenschaftlichen Etablierung der Sozialen Arbeit zu leisten vermag.

Dass diese Handlungstheorie Sozialer Arbeit auf Grundlage der Systemtheorie aufbauen kann, wird der dritte Abschnitt dieser Arbeit aufzeigen, in dem es gilt, die Erkenntnisse des ersten und zweiten Abschnittes miteinander zu verbinden und die Rezeption systemtheoretischer Prämissen in der Sozialen Arbeit vorzunehmen.

Abschliessend möchte ich noch mal auf den Vergleich der Theorie Sozialer Arbeit mit einer Landkarte eingehen: diese Landkarte versucht etwas abzubilden, das nie konstant und stabil bleibt; etwas, was durch Komplexität, Offenheit, Vernetztheit, Regelkreisbestimmung etc. gekennzeichnet ist.

Mit dieser Arbeit versuche ich noch einen systemtheoretischen Weg auf dieser Karte aufzuzeigen, der vielleicht zu keiner im mechanischen Sinne eindeutigen Antwort führt, die Lebewesen, ihre Beziehungen und Umfeld aber am besten beschreibt.

2. Systemtheorie

„Möglicherweise kann das Modell der Welt als einer grossen Organisation dazu beitragen, die Ehrfurcht vor dem Leben, die wir in den vergangenen blutigen Jahrzehnten nahezuverloren haben, wieder zu stärken."

LUDWIG VON BERTALANFFY

Die Systemtheorie wird in der gegenwärtigen Praxis vieler Wissenschaftsdisziplinen als prägendes Paradigma angesehen und erfährt in letzter Zeit ihr "goldenes Zeitalter", denn nicht nur in der Sozialen Arbeit erscheint die Systemtheorie als ein vielfältiges potenzbesitzendes Modell, das als Erklärungsansatz auf verschiedenartige Lebensphänomene angewandt werden kann.

Die Reichweite der Systemtheorie wird in diesem Kapitel erforscht, denn die Systemtheorie stellt m. E. nicht nur kognitive Bereicherung auf dem theoretischen und praktischen Gebiet der Sozialen Arbeit dar, sondern kann den Theorierahmen für eine notwendige Handlungstheorie Sozialer Arbeit liefern.

Die Darstellung wird im folgenden durch Beschreibung der Systemdefinition, der philosophischen Grundlagen der Systemtheorie, wobei der holistischen Philosophie besondere Aufmerksamkeit gewidmet wird, und durch Auseinandersetzung mit Konstruktivismus und Isomorphie vorgenommen. Auch auf die Entwicklungsphasen der Systemtheorie soll in diesem Kapitel eingegangen werden.

2.1 Die Systemdefinition

Helmut Willke (1991, S. 194) versteht unter dem System "einen ganzheitlichen Zusammenhang von Teilen, deren Beziehungen untereinander quantitativ intensiver und qualitativ produktiver sind als ihre Beziehungen zu anderen Elementen". Damit ist nicht nur der strukturelle Systemaspekt der Systembildung hervorgehoben, sondern auch das

Phänomen der Systemgrenzen klar konstituiert, denn diese Unterschiedlichkeit der Beziehungen macht die Grenzen zwischen Elementen eines Systems und den Elementen der Umwelt aus.

Von der o. a. Definition bleibt jedoch die wichtige Frage, wie die funktionellen und differenziellen Dimensionen Einfluss auf die Systembildung nehmen, unbeantwortet. Der Funktionsaspekt beinhaltet dabei nicht die Frage nach vorhandenen Gegenständen, Elementen, sondern die nach deren Verhalten.

Unter dem Differenzierungsaspekt versteht man den nach Luhmann (1988, S. 38ff) definierten Leitbegriff der Analyse von Organisationen, dessen Sonderfall der Hierarchiebegriff ist.

Die Hierarchieverhältnisse können zwischen den auf der niedrigeren Ebene selbst als eigenständige Systeme agierenden Elementen eines Systems, und diesem System selbst, das wiederum ein Teil eines umfassenderen Systems werden kann, bestehen.

Wie dargestellt, ist der o. a. Begriff von Willke (1991, S. 194) für unsere Betrachtungsweise unbefriedigend.

Auch die viel zitierte Systemdefinition (so z. B. Hollstein-Brinkmann 1993, S. 22) von Hall und Fagen (1975, S. 52) - "a System is a set of objects together with relationships between the objects and between their attributes" - vermag uns nicht weiterzuführen, da in diesem Satz lediglich Integrationsleistung der Systembildung zum Ausdruck gebracht wird.

Alle oben aufgeführten Merkmale eines Systems (struktureller Systemaspekt der Systembildung, das Phänomen der Systemgrenzen, funktionelle und differenzielle Dimensionen der Systembildung) lassen sich in dem Systembegriff von Ropohl (1980, S. 325) vorfinden:

"Ein System ist dann eine geordnete Ganzheit, die (a) gewisse Funktionen als Beziehungen zwischen bestimmten Attributen (Inputs, Zustände, Outputs) aufweist, die (b) aus Elementen bzw. Subsystemen besteht, die durch Relationen miteinander zu einer Struktur verknüpft sind und die (c) auf einen bestimmten Rang von ihrer Umgebung abgegrenzt bzw. aus einem Suprasystem ausgegrenzt wird."

Da die weitere Darstellung dieses Kapitels an die obengenannte Definition anknüpft und das Verständnis dieser voraussetzen wird, gehe ich auf diese im folgenden näher ein.

a) Das erste Tatbestandsmerkmal der Definition des Systems wird oft intuitiv in der sozialarbeiterischen Praxis berücksichtigt, insbesondere wenn es darum geht, die Interventionsprozesse auf den verschiedenen Ebenen der Evaluation zu analysieren (vgl. Maja Heiner 1994b, S. 138). So z. B. ist es in vielen Fällen notwendig, sowohl die Input-Seite eines Dienstleistungssystems, dem der Sozialarbeiter als helfender Akteur angehört, als auch die Output-Seite ausführlich zu untersuchen, denn die Fragen nach Investitionen, Konzentrierungsschwerpunkten der Arbeit, Hilfeangeboten und Zeitaufwand sind nur dann von Belang, wenn man diese im Verhältnis zu Erfolgsquoten bzw. veränderten Gegebenheiten betrachtet. Die Analyse der Input- und Output-Seiten eines Systems im Rahmen der sozialarbeiterischen Dimension lässt nicht nur die Wirtschaflichkeitsprüfung (In welchem Verhältnis steht der Aufwand zum Ertrag?) vornehmen, sondern bietet die Möglichkeit, sich mit den Fragen der Wünschbarkeitsanalyse (Was sollte und wollte ich tun?) und der Wirklichkeitsanalyse (Was hab ich tatsächlich getan?) auseinanderzusetzen (vgl. Maja Heiner 1994b, S. 139).

b) Durch das Hervorheben der durch Relationen miteinander zu einer Struktur verknüpften Elemente, die zugleich selbst Subsysteme sein und hiermit weitere Elemente beinhalten können, wird evident, dass es verschiedene Systemebenen gibt und dass grössere Systeme kleinere Systeme enthalten können.

So enthält das grössere System "Staat" kleinere Systeme wie Betriebe, Verbände und Familien. Man unterscheidet entsprechend zwischen Makro-, Meso- und Mikrosysteme. Mit dieser Unterscheidung ist jedoch nichts über die Machtverhältnisse zwischen den Subsystemen und Suprasystemen ausgesagt: eine Familie im Suprasystem des Familienclans ist zwar ein Element des übergeordneten Gefüges, kann aber die führende Stellung im Suprasystem einnehmen (vgl. Lüssi 1992, S. 66)

Die Soziale Arbeit - will sie dem Anspruch der sozialökologischen Sichtweise gerecht werden - richtet ihr Augenmerk nicht nur auf solche abstrakte Grössen wie die Gesellschaft, sondern konzentriert sich bei ihrer sozialökologischen Analyse vorrangig auf kleinere und mittlere soziale Einheiten, die sich als Scharniere zwischen Mikro- und Makroanalysen erweisen. Dabei kommt der Familie als Scharnierstelle zwischen dem Individuum und der Gesellschaft grosse Bedeutung zu. (vgl. Maja Heiner 1994b, S. 124 und Peter Lüssi 1992).

c) Bei der Betrachtung des dritten Tatbestandsmerkmales sind laut Luhmann (1988) zwei wichtige Funktionen der Grenzen eines Systems zu berücksichtigen: Bestimmungsfunktion und Verbindungsfunktion. Durch Bestimmungsfunktion der Grenzen wird ein System erst definiert, denn es sind die Grenzen, die Elemente eines Systems von den unzähligen Elementen der Umwelt trennen.

Auf die Verbindungsfunktion sind alle lebende Systeme angewiesen, da sie ohne Interdependenz nach Aussen nicht zu existieren vermögen (auf die Bedeutung der Selbstreferenz und der alle lebenden Systeme determinierenden tieferen Struktur wird später eingegangen; diese stehen jedoch nicht im Widerspruch zu der unentbehrlichen Interdependenz). Die Verbindungsfunktion wird durch Durchlässigkeit der Grenzen erreicht, die Kommunikation und Austausch erst zulässt.

Hierbei taucht das komplexe Problem der Balance zwischen der erforderlichen Beständigkeit der Systemgrenzen und der genauso notwendigen Durchlässigkeit der Ausgrenzungen des Systems von der Umwelt auf. Erweisen sich die Grenzen als zu durchlässig, ist die Bestimmungsfunktion des Systems gefährdet. Sind die Ausgrenzungen nicht durchlässig genug, kann das System nicht in die für es erforderlichen Interaktionsprozesse treten.

2.2 Die philosophischen Grundlagen der Systemtheorie

Die philosophischen Disziplinen des Abendlandes haben bei allen Wissenschaftsrichtungen Grundlagen geschaffen und diese teilweise mit geprägt.

Auch die Ansätze der Systemtheorie sind auf die ganzheitliche Denktradition der Philosophie und hiermit auf das holistische und atomistische Prinzip zurückzuführen (vgl. Hollstein-Brinkmann 1993, S. 21).

Das holistische Prinzip - auch Ganzheitsprinzip genannt (so z. B. Ruth C. Cohn) - impliziert "das Denken in übergreifenden Zusammenhängen, die Ganzheit, die Integration der Vielfalt, die Einheit in der Mannigfaltigkeit" (Hollstein-Brinkmann 1993, S. 21).

Als Gegensatz zum holistischen Prinzip kann der atomistische Ansatz aufgefasst werden, der sowohl die Differenzierung als auch Analyse des Zusammengesetzten betont. Unter Berücksichtigung des atomistischen Ansatzes versucht man zu einfachsten Elementen vorzudringen, diese zu isolieren, um auf diesem Wege zur jeweiligen Spezialisierung zu gelangen.

Wir richten unsere Aufmerksamkeit wieder auf die Aussagen der holistischen Philosophie, ohne deren Betrachtung m. E. nicht nur die Darstellung der Systemtheorie ungenügend ausfallen, sondern auch viele Begriffe und wichtige Hintergründe des systemischen Ansatzes unverständlich bleiben werden.

Eleonore Olszowi (1974, S. 4) geht davon aus, dass die holistische Philosophie 4 Annahmen impliziert:

a) Der Mensch als eine Einheit aus Wahrnehmung, Gefühlen und Denken,

b) Der Mensch als eine heile Kreatur, er ist aktiv und positiv,

c) Der Mensch als psychosomatische Einheit integriert Vergangenheit und Zukunft im einzelnen bedeutungsvollen Augenblick des Hier und Jetzt,

d) Der Mensch als zugleich autonom und interdependent.

Diese Punkte seien im folgenden näher erläutert:

a) Der Mensch als Einheit aus Wahrnehmung, Gefühlen und Denken

Wenn man sich zu dem Menschen als zu einer psycho-biologischen Einheit bekennt, akzeptiert man die Tatsache, dass jede Veränderung äusserer und innerer Natur Auswirkungen auf den gesamten Menschen hat.

Es widerspricht nicht der obengenannten Aussage, dass im Rahmen des systemischen Ansatzes zwischen verschiedenen Typen der Systemkategorien oder zwischen mehreren Wirklichkeitsbereichen des menschlichen Handelns unterschieden wird (so Peter Lüssi 1992, S. 66 mit den Systemkategorien der Psyche, des Organismus, der Sozialisation und der Kultur und Silvia Staub-Bernasconi 1986, S. 53 mit dem anorganischen (Physik), dem organischen bzw. biologisch-ökologischen (Biologie), dem psychischen (Psychologie), dem sozialen inklusive ökonomischen und politischen (Soziologie) und dem kulturellen (Anthropologie, Philosophie, Theologie, Ethik, Recht usw.) Wirklichkeitsbereich). Es ist anzumerken, dass diese Differenzierung lediglich der typologischen Einordnung der Phänomene der System-Dimensionen dient und den Menschen keinesfalls in seine einzelnen Teile zerlegt. Dass die typologische Unterscheidung des menschlichen Handelns nur eine theoretische Grösse darstellt, machen solche die menschliche Existenz beschreibenden Begriffe wie soziokulturell, psychosomatisch etc. evident.

Die psychobiologische Einheit des Menschen macht ferner sichtbar die intensiven Wechselbeziehungen zwischen Individuum und Umwelt, die wiederum Auswirkungen auf den ganzen Organismus haben. Daraus lässt sich folgern, dass das Individuum als psychobiologische Einheit und die Umwelt in wechselseitiger Beziehung zueinander stehen. Diese Auffassung wird der Theorie des offenen Systems von Ludwig von Bertalanffy zugrunde gelegt. Im Lichte der o. a. Aussage der holistischen Philosophie wird ein offenes System im Unterschied zum geschlossenen System, das keine Möglichkeiten der Regenerativität hat, über keinen Austausch mit anderen Systemen verfügt und keinen Anschluss von aussen besitzt, durch folgende Merkmale gekennzeichnet:

- Abgabesubstanz nach aussen (Output),
- ein Fliessgleichgewicht (steady-state) im Gegensatz zum wirklichen Gleichgewicht,

- Aufnahme der Einwirkungen von aussen und
- eine Entwicklungstendenz zu höheren Ordnungsgraden.

Bei der Betrachtung des letzten Punktes wird plausibel, dass die Annahme der Entwicklungspotenz des Menschen zu höheren Ordnungsgraden folgende Momente impliziert:

aa) schöpferische Aktivität,

bb) Wachstumsmotive im menschlichen Organismus,

cc) Intentionalität in Richtung auf Selbstverwirklichung oder Selbsttranszendenz,

dd) die Betrachtung des Individuums als einmaliges Wesen.

Da diese Merkmale kurzer Erläuterung bedürfen, seien sie wie folgt dargestellt:

aa) Der Grundsatz der schöpferischen Aktivität kommt vor allem in der Themenzentrierten Interaktion zum Ausdruck und wird mit dem Begriff "Living Learning" definiert. Der höhere Entwicklungspotenz besitzende Mensch soll demnach durch das schöpferische Lernen aktualisiert werden. Dieses Lernen vermag die emotionale, affektive und intellektuelle Aktivität des Individuums zu fördern, denn living learning ist selbstbestimmt.

bb) Der autonome, selbst handelnde, schöpferische Mensch besinnt sich auf sich selbst, registriert die Gefühle, Regungen und Empfindungen seines Organismus und ist sich der Tatsache bewusst, dass er für sein Selbst, für sein So-sein verantwortlich ist und damit seine Entscheidungen, Handlungen, Beziehungen und Wünsche selbst bestimmt.

Angesichts dieser Erkenntnis vermag ein Individuum seine Anlagen vielleicht zu beeinflussen, seine versteckten Fähigkeiten aufzudecken und sich im Hinblick auf die weitere im Zusammenhang mit dem Wachstum der Persönlichkeit stehende Aktualisierung zu verändern.

Diese Eigenverantwortlichkeit jedes einzelnen bezüglich der eigenen Veränderung findet auch ihre Begründung im Grundsatz der operationalen Geschlossenheit der Systeme, der die vom System im Prozess der Autopoiesis selbst erzeugenden und auf das System selbst zurückwirkenden Operationen beschreibt und die den systemimmanenten Gesetzen des Systems folgenden Prozesse der Selbstregulierung und Selbststeuerung zur Geltung bringt (vgl. Maja Heiner 1994b, S. 107).

Auf diese Phänomene wird jedoch später eingegangen, da die ausführlichere Darstellung an dieser Stelle den Rahmen des Kapitels sprengen würde.

cc) Indem man sich zur Zielstrebigkeit des Menschen auf Selbstverwirklichung bekennt, betont man die Erkenntnis des „gesunden" Menschen, dessen Intentionalität zu entwickeln und zu fördern wäre.

dd) Die Einmaligkeit des Individuums ist nicht nur das Verständnis von der Einzigartigkeit des Handelns, der Gefühle, Triebe, Bedürfnisse und Empfindungen jedes einzelnen, sondern auch Akzeptanz des Vergangenheits-, Gegenwarts- und Zukunftswerdens jedes Individuums.

Die o.a. Erkenntnisse sind in der gegenwärtigen Entwicklung auch Allgemeingut des gesellschaftlich-politischen Denkens geworden. So bekennt sich z.B. das Bundesverfassungsgericht bei der Auslegung des Art. 1 GG zur Einzigartigkeit jedes Menschen und begründet seine Entscheidung mit den Thesen des homo-mensura-Satzes von Protagoras, dessen Gedanken zur Philosophie der individuellen Glückseligkeit von Aristoteles geführt haben.

b) Der aktive und positive Mensch als heile Kreatur.

Die Grundannahme der heilen Kreatur im Menschenwesen spricht dem homo sapiens nicht nur ein höheres Mass an ursprüngliche Güte und Unbescholtenheit zu, sondern bezieht sich auch auf die christlich-jüdische Tradition, in deren Lichte der Mensch als Ebenbild Gottes angesehen wird.

Auch die bewusst erlebte Existenz des positiven und aktiven Menschen wird hervorgehoben.

Die Betonung des positiven Wesens des Menschen bedeutet stets dabei die konstruktiven und aufbauenden Bereiche der menschlichen

Existenz und berücksichtigt nicht die „Agressionstriebe“ im Menschen. Dieser Optimismus oder Glaube an das Gute im Menschen wird oft kritisch betrachtet und angegriffen.

Es sei aber an dieser Stelle hingewiesen, dass dieser Optimismus durchaus nicht unbegründet ist und sogar in der Staatsverfassung der BRD seinen Eingang gefunden hat, denn Art. 1 GG entsprechend lässt sich formulieren, dass der einzelne sich zwar gegen seine Menschenwürde zu verhalten vermag, aber nie den Anspruch auf seine Menschenwürde verlieren würde.

c) Der mit Vergangenheit und Zukunft im Augenblick lebende Mensch.

Die Bedeutung des im „Hier-und-Jetzt-Lebens“ ist oft in „Pseudo Philosophiebüchern“ vorzufinden. Was die Aussage der holistischen Philosophie von den Interpretationen der diffusen „Lebensratgeber“ unterscheidet, ist die Tatsache, dass der Mensch zwar im einzigen bedeutungsvollen Augenblick des Hier und Jetzt lebt und damit auch frei von Rigidität, frei für Flexibilität und frei von Zwängen eines bestimmten „man muss“ oder „man soll“ sein kann, gleichzeitig ist er jedoch an seine Vergangenheit als Erfahrung und an seine Zukunft als Erwartung gebunden.

„Ich bin frei und offen für alles, was auf mich einströmt, und ich bin gebunden an meine Werte, Wünsche, Erfahrungen und Bedürfnisse. Somit kann ein wahrhaftes Erfahren des ‘Hier und Jetzt’ in diesem Sinne nie zur ‘Pseudo-Hier-und-Jetzt-Situation’ des Alkohol- und Drogenkonsums pervertieren. Dies wäre eine falsch verstandene Konsequenz der Direktive, im ‘Hier und Jetzt’ zu leben“ (Olszowi 1974, S. 8).

d) Der autonome und interdependente Mensch

Die Übersetzung aus dem Griechischen bezeichnet den autonomen Menschen als „ein sich selbst eigenes Gesetz gebendes Wesen“.

Die Bedeutung der Autonomie in diesem Sinne erkannte auch Immanuel Kant, der für den einzelnen einen unantastbaren Bereich der sittlichen Autonomie forderte.

Im Sinne der Interdependenz (ein Aufeinanderbezogensein) verstanden die Theoretiker der holistischen Philosophie den Menschen als

„persönliches Wesen", das zugleich „ein Glied der menschlichen Gesellschaft und Teilhaber eines Universums" ist (Olszowi 1974, S. 8).

Der Mensch als zugleich autonomes und interdependentes Wesen ist einerseits durch seine tiefere Struktur determiniert und durch seine Fähigkeit, die Beziehungen zu sich selbst aufzubauen und andererseits ist er auf den ständigen Austausch mit seiner Umwelt (und Innenwelt) angewiesen.

Dieser Gedanke findet auch in der Sozialen Arbeit Anwendung. So sagt z.B. § 1 des Kinder- und Jugendhilfegesetzes (KJHG) aus, dass am Ende des Erziehungsprozesses eine eigenverantwortliche (autonome) und gemeinschaftsfähige (interdependente) Persönlichkeit stehen soll.

Auch die in der Sozialen Arbeit wichtige Auslegungsdefinition vom Wohl des Kindes beruht auf der obengenannten Aussage: von einer dem Wohl des Kindes nicht entsprechenden Erziehung kann dann ausgegangen werden, wenn es zu erwarten ist, dass am Ende des Erziehungsprozesses unter Berücksichtigung von Sozialisation, Alter und genetischen Anlagen keine eigenverantwortliche und gemeinschaftsfähige Persönlichkeit stehen wird.

Die Autonomie und Interdependenz des Menschen werden weiterhin in der Terminologie einer hermeneutisch-interaktionistischen Sozialisationstheorie als eine „vertikale" und eine „horizontale Identität" differenziert.

Die „vertikale" Identität beinhaltete die Ereignisse des jeweiligen einzelnen Individuums, seine biographischen Daten zur personal identity. Die „horizontale" Dimension der menschlichen Identität vereinigt die einzelnen und deren zu einem bestimmten Zeitpunkt nebeneinander aktualisierbaren Rollen zur social identity (vgl. Olszowi 1974, S. 10).

Während die „personal identity" vom Individuum erwartet, so zu sein wie kein anderer, verlangt die „sozial identity" genau das Gegenteil: so zu sein, wie die Allgemeinheit. Die „sozial identity" impliziert hiermit die Zugehörigkeit der Person zu verschiedenen, oft nicht miteinander in Einklang zu bringenden Gruppen (Interdependenz).

Der ausgeglichene Mensch vermag durch seine „Ich-Identität" diese stets bestehende Spannung zwischen Autonomie und Interdependenz zu überbrücken und die Balance zwischen diesen beiden Dimensionen herzustellen, obgleich die gesellschaftliche Strukturen den einzelnen in Richtung der Interdependenz drängen (so das Urteil des Bundesverfassungsgerichts, das bei der Auslegung des Art. 1 GG die oben aufgeführte Spannung zwischen Autonomie und Interdependenz im Sinne der Gemeinschaftsgebundenheit und -bezogenheit des homo sapiens entschieden hat).

2.3 Konstruktivismus

Die Theoretiker des Konstruktivismus verwerfen nicht die Gemeinschaftsbezogenheit des Menschen. Sie betonen diese jedoch in einer anderen Hinsicht - unsere Welt wird von uns allen durch unsere Koexistenz und unser Koerleben geschaffen.

Die Konstruktivisten meinen die Grundgegebenheit des Lebens dadurch zu erklären, dass sie die Wirklichkeit als eine zu 100 % aus unserem Erleben bestehende Materie darstellen (vgl. Hollstein-Brinkmann 1993, 29f).

Plastischer kann man das mit den Worten von Wittgenstein ausdrükken: " In den besseren Stunden aber wachen wir so weit auf, dass wir erkennen, dass wir träumen" (zitiert aus Watzlawick 1992, S. 106).

Die Idee des Konstruktivismus ist keinesfalls neu. Schon Demokrit, Xenophanes, Alkmaion und Heraklit hatten Zweifel, ob man erkennen kann, wie die Dinge beschaffen sind. Zu diesen Schlussfolgerungen kamen sie aufgrund der Überlegung, dass der Mensch niemals erfahren kann, ob seine Erlebnisse mit der ontischen Wirklichkeit übereinstimmen, denn so ein Vergleich würde eine Gegenüberstellung des Erlebten mit dem noch nicht Erlebten erforderlich machen. Die einzige Möglichkeit jedoch, das noch nicht Erlebte zu erfahren, ist das Erleben selbst, so dass es unrealistisch ist, die "ontischen Gegebenheiten" mit der Erlebniswelt des einzelnen zu vergleichen (vgl. von Glasersfeld 1992, S. 10).

Fraglos ist also nur die Tatsache, dass der Mensch erlebt. Von dieser These ging auch Immanuel Kant in der „Kritik der reinen Vernunft“ aus, als er die Kategorien der Zeit und des Raums als Anschauungsformen des Erlebenden definierte und hiermit die Überprüfbarkeit des Erkennens in Frage stellte, so dass man sich in einer Denksackgasse gefangen fühlte.

Den Ausweg aus dieser Situation glaubt Ernst von Glasersfeld (1992, S.18) dadurch zu finden, dass er „im Gegensatz zu der ‘ikonischen’ Relation der Übereinstimmung, die begrifflich auf Isomorphie beruht, die Relation der Viabilität auf den Begriff des Passens im Sinne des Funktionierens" gründet.

Den Begriff des Passens macht von Glasersfeld (1992, S. 19) durch ein Beispiel des Blindläufers evident, der in einem nicht allzu dichten Wald einen Fluss erreichen möchte. Dieser Blinde macht die Erfahrung, dass sein Laufen hin und wieder von verschiedenen Hindernissen vereitelt wird. In Zukunft bemüht er sich, diese Hindernisse zu umgehen und macht sich ein „Bild“ vom Wald, das in die Wirklichkeit „passt“, obgleich der blinde Wanderer weder Bäume noch Wald wahrnimmt.

Uns ergeht es nach Meinung von Glasersfeld nicht anders, denn wir bewegen uns in dem unsichtbaren Wald der ontischen Wirklichkeit und glauben alles von der Realität zu wissen, bis wir an ihre harten Schranken stossen und begreifen, dass nur dort, wo wir an Hindernissen der Wirklichkeit stolpern, die objektive Welt beginnt.

Den obigen Ausführungen zufolge wird unser Wissen nicht als die Abbildung der Wirklichkeit verstanden, sondern vielmehr als Ergebnis der Anpassung (vgl. von Glasersfeld 1992, S. 29). Diese Begrifflichkeit des Passens schafft eine dritte Erkenntnismöglichkeit zwischen dem Solipsismus (wonach nur das existiert, was der Mensch sich vorstellen kann) und der ikonischen Abbildung der ontischen Wirklichkeit.

Aus diesem Verständnis des Wissens lässt sich ableiten, dass alle Hypothesen und Theorien nur mögliche Wege eines "blinden Wanderers" sind und dass immer eine Möglichkeit besteht, einen anderen, noch besseren Weg zu finden, eine andere, noch mehr "passende"

Methode oder Theorie zu entwickeln. Dies trifft auch auf die Systemtheorie als mögliche handlungstheoretische Grundlage der Wissenschaft Soziale Arbeit zu. Auch diese kann mit der Zeit durch eine bessere Handlungstheorie abgelöst werden (Silvia Staub-Bernasconi 1983b).

Im Rahmen des Konstruktivismus wird jedoch zwischen Illusion und Wirklichkeit unterschieden. Diese Unterscheidung kann, wie es schon plausibel gemacht wurde, nicht aufgrund des Vergleichs mit der ontischen Wirklichkeit erfolgen.

Von Glasersfeld (1992 S. 32) schlägt vor, die Differenzierung dem Aufbau der Erlebenswelt des Menschen zu entnehmen. Grundlegend für diesen Aufbau ist die Fähigkeit des Menschen, über sein Handeln nachzudenken.

Also es ist jene von Maja Heiner (1994 S. 127) beschriebene Fähigkeit des homo sapiens, "Zeitinseln für die Reflexion zu schaffen", oder, wie es von Glasersfeld (1992, S. 32) sagt: "den Fluss seines Erlebens zu unterbrechen und die Stücke, die durch solche Unterbrechungen entstehen, reflektiv zu betrachten".

Mit Hilfe solcher Eigenschaften können Individuen die Wiederholung gewisser Erlebnisse als Prüfungskriterium der Übereinstimmung mit der Wirklichkeit einsetzen.

Die Bestätigung dieser Wahrnehmung erfährt man in der Regel in Interaktionen mit den anderen Individuen, in Koexistenz mit denen ja jeder einzelner die Erlebenswelt erschafft (bzw. erfindet, wie es Heinz von Foerster (1992, S. 41) formuliert).

Der Prozess dieser Wahrnehmung erfolgt freilich nach der Meinung von Paul Watzlawick (1992, S. 91) lediglich auf der Ebene der sogenannten Wirklichkeit zweiter Ordnung, die menschliche Konstrukte (wie z. B. Wert des Goldes) umfasst und sich von der Wirklichkeit erster Ordnung (z. B. physikalische Eigenschaften des Goldes als der Abglanz menschenunabhängiger Wahrheiten) unterscheidet.

Die Eigenschaften der beiden Wirklichkeitsbereiche lassen sich am besten an Hand eines Scherzbeispieles demonstrieren. Ein Glas Milch wird von einem Optimisten als halb voll betrachtet und von einem

Pessimisten als halb leer definiert. Von der physikalischen Sichtweise her befindet sich im Glas in beiden Fällen das gleiche Volumen an Milch (eine einzige Wirklichkeit erster Ordnung). Die unterschiedlichen Ansichten von Pessimisten und Optimisten stellen jedoch zwei verschiedene Wirklichkeiten der zweiten Ordnung dar.

Da die Wirklichkeit zweiter Ordnung „durch Zuschreibung von Sinn, Bedeutung oder Wert“ (Watzlawick 1992, S. 92) entsteht und auf der Wirklichkeit erster Ordnung aufbaut, wird verständlich, dass das sozialarbeiterische Handeln sich überwiegend im Rahmen der Dimension der Wirklichkeit zweiter Ordnung vollzieht.

Aufgrund der Tatsache, dass es auf der Ebene der Wirklichkeit zweiter Ordnung, wie oben angedeutet, keine für alle Seiten akzeptable, objektive Sichtweise gibt, kann es auch auf dem Gebiete der Sozialen Arbeit selten zu einer perfekten, vollständigen Lösung kommen. Lüssi (1991, S. 135) spricht in diesem Zusammenhang von der Unvollständigkeit, Unvollkommenheit, Unabgeschlossenheit der sozialarbeiterischen Lösung, die jedoch nicht auf die Unfähigkeit der SozialarbeiterInnen zurückzuführen, sondern durch das Wesen des sozialen Problems bestimmt sei.

Das Wesen des sozialen Problems erfordert im Sinne des Konstruktivismus, dass im Hinblick auf die Problemlösung eine bestimmte leidvolle Als-ob-Fiktion durch eine die erträgliche Situation schaffende Als-ob-Fiktion ersetzt werden kann (vgl. Watzlawick 1992, S. 99), um eine bessere Anpassung, wie diese von Glasersfeld verstanden wird, an die Wirklichkeit zu erreichen und hiermit die Lösung des Problems herbeizuführen.

Für die Verwirklichung der obengenannten These im Bereich der Psychotherapie schlägt Watzlawick (1992, S. 102) die Methode der Umdeutung vor, nach der ein neuer Wirklichkeitsbereich konstruiert wird, der den alten ersetzt und den vorhanden Gegebenheiten besser angepasst ist.

Als Beispiel für die obengenannten Strategie könnte man die Szene aus dem Buch von Mark Twain „Tom Sawyer“ aufführen, in der Tom einen Zaun streichen sollte, obwohl die strahlende Sonne die ganze

Arbeitslust verschwinden liess. Was macht der schlau Junge? Er deutet seine Situation so um, dass das Streichen des Zauns zu einem Privileg wird. Die Tom Sawyer hänselnden Freunde glauben schliesslich an diese Als-ob-Fiktion und erkaufen sogar das heissbegehrte Privileg, einen Teil des Zauns streichen zu dürfen.

Eine weitere Technik der Umstrukturierung der Wirklichkeit ist laut Watzlawick (1992, S. 104) die Verhaltensverschreibung. Nach dieser Methode „verschreibt" der Psychotherapeut dem Klienten eine bestimmte Verhaltensweise, ohne dass die Erklärungsansätze für deren Bedeutung gegeben werden.

Da die SozialarbeiterIn aufgrund ihres Berufes jedoch nicht auf der systemkategorischen Ebene des psychischen Systems des Menschen agiert, sondern sich mit den sozialen Systemen befasst (vgl. Lüssi 1992, S. 66), hat sie ihren Blick auf eine konstruktivistische Sozialtheorie zu richten.

Diese konstruktivistische Sozialtheorie versucht nach Peter M. Hejl (1992, S. 111) nicht eine Abbildung der sozialen Wirklichkeit zu liefern, sondern die Methode deren Erzeugung zu beschreiben. Humberto R. Maturana (1982, S. 236f, zitiert aus Hejl 1992, S. 111) unterscheidet folgende Operationen dieser Methode:

„a) Beobachtung eines Phänomens, das als zu erklärendes Problem angesehen wird;

b) Entwicklung einer Hypothese in Form eines deterministischen Systems, das ein Phänomen erzeugen kann, welches mit dem beobachteten Phänomen isomorph ist;

c) Generierung eines Zustandes oder Prozesses, der entsprechend der vorgelegten Hypothese als vorhergesagtes Phänomen beobachtet werden soll;

d) Beobachtung des so vorhergesagten Phänomens".

Hierbei geht Peter M. Hejl davon aus, dass in Übereinstimmung mit Maturana die „Beobachtung" im obengenannten Zitat als konstruktiver Prozess betrachtet werden kann. Dies hat zur Folge, dass man die

Wissenschaft als eine spezifische Form der Problemlösung definiert (vgl. Hejl, 1992, S. 111).

Eine konstruktivistische Sozialtheorie versucht unter einem Problem jenes Produkt der Modelle/Systeme zu verstehen, das von Komponenten dieser Modelle/Systeme durch ihre Interaktion erzeugt wird.

Weiterhin richtet die konstruktivistische Sozialtheorie ihren Blick auf die Überprüfungskriterien dieser Modelle, die nach Meinung von Peter M. Hejl nicht in der Übereinstimmung mit der ontischen Wirklichkeit zu suchen sind, sondern durch Problemlösungskapazität der Modelle, ihre Konsistenz und ihre Verbindbarkeit mit Modellen aus anderen Systemkategorien determiniert sind (vgl. Peter M. Hejl 1992, S. 112). Die ausführlichere Darstellung der Theorie von Hejl wird jedoch im Rahmen des Kapitels 2.5.4 dieser Arbeit erfolgen.

2.4 Isomorphie

Isomorphie kann "als Identität zweier formaler Strukturen oder Relationsgeflechte (-netze), die (und: sofern sie) in ihren rein formalen, d. h. auf beliebige Inhalte anwendbaren, Eigenschaften identisch sind", definiert werden (Zahn, 1974, S. 54 zitiert aus Hollstein-Brinkmann 1993, S. 27).

Ludwig von Bertalanffy stellt die Isomorphie ins Zentrum seiner General System Theory (1968) und baut darauf eine Theorie universaler Prinzipien auf, die sich auf sämtliche Systeme (unabhängig von verschiedenen Variablen dieser Systeme wie Komponente, Eigenart etc.) anwenden lässt. Hiermit entwickelte Bertalanffy eine Metatheorie, die physikalische, biologische, soziologische, ökonomische und psychische Aspekte umfasst (vgl. Bertalanffy 1968, S. 327f).

Niklas Luhmann (1984) trägt den obengenannten Erkenntnissen Rechnung, indem er von verschiedenen Systemkategorien spricht, die auch in die Soziale Arbeit Eingang gefunden haben (so z. B. Lüssi (1992, S. 60) mit den in dieser Arbeit schon erwähnten 4 Systemkategorien der Psyche, des Organismus, des Sozialen und der Kultur wie auch Silvia Staub-Bernasconi (1994, S. 290) mit Konzepten der verschiedenen Wirklichkeitsbereiche).

Neben dem oben definierten Isomorphie-Begriff spricht Rapaport (1988, S. 208) vom logischen Isomorphismus, der von ihm (Rapaport 1988, S. 208) als „spezielle, umkehrbar eindeutige Abbildung einer Struktur auf eine andere“ definiert wird.

So kann das Problem der individuellen Wahl (z.B. Kauf des Hauses) dem Problem der gesellschaftlichen Wahl (z.B. Wahl der Legislative) als isomorph aufgefasst werden, denn trotz der Manipulierungspolitik verschiedener Parteien während der Wahlen setzt das Individuum die Prioritäten der eigenen Präferenzen nach seinem persönlichen Ermessen, wie er auch beim Kauf eines Hauses ausgehend aus dessen Zweckbestimmung getan hätte.

Dabei verfolgt der Entscheidungsträger Ziele, die nicht alle zugleich erreicht werden können (vgl. Rapaport 1988, s. 28f).

Aus dem obengenannten lässt sich ableiten, dass Struktur und Prozess der als „Elemente“ sozialer Systeme aufgefassten Individuen mit Struktur und Prozess der gesellschaftlichen Organisationen isomorph sind (vgl. Miller 1978, vgl. Hollstein-Brinkmann 1993, S. 28)

Hierbei stellt sich Hollstein-Brinkmann (1993, S. 28) in Anlehnung an Guttmann (1985) die Frage, ob „geistige und soziale Phänomene physischen Phänomenen ausreichend ähnlich sind, um berechtigterweise die gleichen Konzepte auf sie anzuwenden“. Mit Kneer (1993) könnte man noch weiter gehen und die von Luhmann (1988) vorgenommene isomorphische Ausdehnung der Phänomene der sozialen Systeme auf die psychischen kritisch betrachten, obwohl Bertalanffy (1968, S. 106ff) die Begriffe der General System Theory für so abstrakt ansieht, dass diese sich auf Ganzheiten verschiedener Herkunft anwenden lassen.

Als wichtigster Einwand gegen das Verständnis von Bertalanffy kann laut Habermas (1971, S. 146ff) die Tatsache angesehen werden, dass die Organismen als lebendige Systemkomplexe und die Sozialsysteme als sinn-bestimmte Funktionskomplexe (vgl. Luhmann 1988a) definiert werden und hiermit Analogien zwischen Biologie und Gesellschaft nicht angebracht sind (obgleich man die Selbsterhaltungsausrichtung der Organismen als deren Sinnbestimmung auffassen könnte).

Eine andere Ansicht vertritt Rapaport (1988, S. 21), der Zellen eines Organismus, die im Laufe der Entwicklung ihre Autonomie verloren haben, mit der Vereinigung von Organismen zu sozialen Einheiten vergleicht.

In seinem Buch "Allgemeine Systemtheorie“ (1988) führt Rapaport die von R.W. Gerard (1958) und J. G. Miller (1978) entwickelten, hierarchisch geordneten Stufen lebender Systeme auf: Zelle, Gewebe oder Organ, individueller Organismus, Kleingruppe, Grossgruppe oder Organisation, Gesellschaft (vgl. Rapaport 1988, S. 21).

Daraus bildet Gerard (1958) eine Matrix, deren Reihen die biologische-soziale Hierarchie lebender Systeme darstellen. Die 3 Spalten dieser Matrix machen folgende Grössen aus: Struktur, Funktion und Evolution (Rapaport (1988, S. 22) merkt an, dass Gerard häufig auch Begriffe wie Sein, Verhalten und Entwicklung gebraucht).

Diese Merkmale seien im folgenden näher erläutert:

Struktur eines lebenden Systems manifestiert sich laut Rapaport (1988, S. 22) an statischen Beziehungen seiner Elemente. Diese Beziehungen können - müssen jedoch nicht - einen räumlichen Charakter haben.

Funktion (Rapaport (1988, S. 22) schlägt dafür den besseren Begriff des "Funktionierens" vor) eines lebenden Systems macht sich in der Art und Weise der Reaktionen des Systems auf Input (Eingabe von Daten aus der Umwelt) sichtbar.

So reagiert ein Hund auf die Gegenwart einer Katze damit, dass er eine Drohgebärde zeigt; eine Einrichtung der Sozialen Arbeit erbringt aufgrund der gestiegenen Nachfrage mehr Dienstleistungen.

Während die Reaktionen auf Input relativ kurzer Dauer und weitgehend umkehrbar sind, halten die Evolutionsänderungen lange an und sind irreversibel.

Dabei können Entstehungsmomente der Organisationen, Nationen und Kulturen mit den Geburten der Organismen, das Wachstum der Organisationen mit der Lebensgeschichte der Individuen und das Auflösen der gesellschaftlichen Einheiten mit dem Sterben von Menschen verglichen werden (vgl. Rapaport 1988, S. 22)

Die obengenannten Spalten von Gerard's Matrix entsprechen in Schnittpunkten mit Reihen den Fachgebieten der Biologie und Sozialwissenschaften.

So bildet z.B. der Schnittpunkt zwischen "Gesellschaft" und "Entwicklung" den Hauptgegenstand der Geschichte, der Schnittpunkt zwischen "Gesellschaft" und "Struktur" den Hauptgegenstand der Soziologie usw.

Entgegen der ablehnenden Haltung einiger Autoren den o. g. Thesen gegenüber (so z.B. Holzer 1977, S.63ff) kann m. E. die Reichweite der organismischen Konzepte nicht allein durch Missbräuche in der Vergangenheit (u. a. in Form von Sozialdarwinismus) negativ beurteilt werden und vermag für viele gesellschaftlichen Problemen neue ungewöhnliche Lösungswege aufzuzeigen.

2.5 Entwicklungsschritte der Systemtheorie

Huschke-Rhein (1988, s. 70ff) führt folgende historisch aufeinander aufbauenden Ansätze der Systemtheorie auf:

a) Kybernetik

Hierbei handelt es sich um geschlossene Systeme, deren Input selektiv erfolgt z. B. als Informationswert (vgl. Hollstein-Brinkmann 1993, S. 34). Die kybernetischen Gesetze werden auf alle technischen Regelsysteme angewandt.

Diese kybernetischen Vorrichtungen sind Rückkoppelungseffekten und Kreisprozessen unterworfen. Im klassischen Beispiel von einem auf die Temperatursignale der Umwelt reagierenden Thermostat wird das obengenannte evident: ein Thermostat schickt ein Signal an die Heizung, in folge dessen die Heizung sich anschaltet. Die erwärmte

Luft wirkt aber auf den Thermostat rekursiv zurück, so dass dieser beim Erreichen gewisser Temperatur die Heizung abschaltet.

b) Biologische Systemtheorie

Im Gegensatz zum kybernetischen Modell steht laut Huschke-Rhein (1988, S. 71ff) im Zentrum der biologischen Systemtheorie das lebende System, das als Gesamtheit der in Systemen ablaufenden Prozesse aufgefasst wird. Die Strukturen der offenen Systeme stehen in wechselseitiger, dynamischer Abhängigkeit. Das lebende System selbst befindet sich in einem Fliessgleichgewichtszustand (steady-state-Zustand im Gegensatz zum wirklichen Gleichgewicht), während dessen ein ständiger Austausch Energie, Materie und Informationen mit der Umwelt erfolgt.

c) Soziologische Systemtheorie

Innerhalb der Soziologie unterscheidet Willke (1991, S. 3ff) folgende Entwicklungsschritte der Theorie sozialer Systeme:

ca) Die strukturell-funktionale Systemtheorie von Parsons, die "dadurch gekennzeichnet ist, dass der Strukturbegriff dem Funktionsbegriff vorgeordnet ist. Ausgangspunkt ist die Annahme, dass alle sozialen Systeme notwendigerweise bestimmte Strukturen aufweisen und die forschungsleitende Frage ist dann: welche funktionalen Leistungen müssen vom System erbracht werden, damit dieses System mit seinem gegebenen Strukturen erhalten bleibt" (Willke 1991, S. 3).

cb) Der system-funktionale Ansatz von Buckley und Miller versteht unter sozialen Systemen die komplexen, anpassungsfähigen und zielgerichteten Gesamtheiten, "die gegenüber einfacheren lebenden Systemen (z.B. Zelle oder Organismus) dadurch ausgezeichnet sind, dass sie bei veränderten Umweltbedingungen ihre Struktur verändern oder ausbauen können, wenn die Erhaltung der Leistungs- oder Überlebensfähigkeit dies fordert" (Willke 1991, S. 3).

cc) Der funktional-strukturelle Ansatz von Luhmann wirft die Frage nach der Funktion von Systemen auf.

Die Betrachtung der Funktion der Systembildung, des Sinnes von Systemen ist jedoch nur im Zusammenhang mit Umwelt möglich, da das

Konstruieren eines neuen Systems im Sinne des funktional strukturellen Ansatzes als Bildung gewisser ausgegrenzter Bereiche in der Umwelt angesehen werden kann, die es erst den mit begrenzter Aufnahmekapazität ausgestatteten Menschen ermöglichen, die Komplexität der Welt in spezifischer Art und Weise zu begreifen (vgl. Willke 1991, S. 4).

Dabei vollzieht sich ein Paradigmawechsel von der Betonung einzelner Faktoren auf das Hervorheben von Relationen.

Der funktional-strukturelle Ansatz ist hiermit nicht nur auf die Analyse der Gleichgewichtsphänomene und Systemerhaltungsprozesse ausgerichtet, sondern umfasst auch die Untersuchung sozialer Wandlungsprozesse, "da er nicht nur Strukturen und Prozesse als Variable behandeln kann, sondern sogar Systembildung selbst" (Willke 1991, S. 5).

cd) Der funktional-genetische Ansatz betrachtet nicht nur die systeminternen Prozesse (wie es im Rahmen des systemfunktionalen Ansatzes geschieht), sondern hebt auch die Bedeutung des prozessualen Charakters der als Stabilisierung einer selektiven Differenz zwischen Innen- und Aussenwelt verstandenen Systembildung hervor.

ce) Der Ansatz einer Theorie selbstreferentieller Systeme von Luhmann (1988) basiert auf dem Verständnis der von Maturana und Varela (1987) formulierten Idee der Autopoiesis.

"Autopoiesis besagt, dass komplexe Systeme sich in ihrer Einheit, ihren Strukturen und Elementen kontinuierlich und in einem operational geschlossenen Prozess mit Hilfe der Elemente reproduzieren, aus denen sie bestehen" (Willke 1991, S. 6).

Die autopoietischen Systeme sind auf der Ebene der tieferen Struktur geschlossen und im Rahmen dieser Dimension von den Einflüssen der Umwelt unabhängig. Willke (1991, S. 6) lässt aus dem obengenannten als erkenntnisstheoretischen Gewinn die Tatsache ableiten, dass soziale Systeme die mit dem genetischen Code der Organismen vergleichbaren, generativen Mechanismen produzieren und hiermit sich evolutionär weiterentwickeln können, wobei die Ausrichtung dieser Evolutionsprozesse sozialer Systeme nicht durch die generativen Mechanismen determiniert wird (vgl. Willke 1991, S. 6f)

d) "Allgemeine dynamische Systemtheorie"

Hollstein-Brinkmann (1993, S. 34) bezeichnet diesen Ansatz der Systemtheorie als einen Sammelbegriff für die Weiterentwicklung der Biokybernetik und Selbstorganisationstheorie, in dessen Zentrum der Betrachtung nicht mehr Erhalt und Stabilisierung von Strukturen, sondern die Fähigkeit zur Selbstorganisation steht.

e) Spiritueller Ansatz kann als "kulturübergreifende Universalreligion" aufgefasst werden (Huschke-Rhein 1988, S. 78).

Der wohl bekannteste Vertreter dieses Ansatzes ist Fritjof Capra, der in seinem als spannender Roman verfassten Buch "Wendezeit" (1990) die rationalistischen und spiritalistischen Ansätze zu vereinigen und zu reflektieren versucht.

Capra (1990, S. 293) bemüht sich, eine neue Sicht der Wirklichkeit ins Bewusstsein zu rücken, die "auf der Erkenntnis beruht, dass alle Phänomene - physikalische, biologische, psychische, gesellschaftliche und kulturelle - grundsätzlich miteinander verbunden und voneinander abhängig sind". Neben der oben dargestellten Skizze der systemtheoretischen Ansätzen von Huschke-Rhein (1988, S. 70ff) lassen sich mit Luhmann (1968, S. 10) hinsichtlich des System-Umwelt-Verhältnisses die folgenden Etappen der Entwicklung der Systemtheorie ausmachen:

a) Ganzes und Teile eines Systems sind die Hauptgegenstände der Betrachtung, die Beziehung zur Umwelt ist auf dieser Ebene nicht relevant (vgl. Luhmann 1968, S. 10, vgl. Hollstein-Brinkmann 1993, S. 32).

b) Gleichgewichtstheorien

Hierhin lassen sich die an einem Sollwert ausgerichteten Systeme einordnen, wobei trotz der Fokussierung auf Ordnung eines Systems Umwelt als Quelle der Störungsfaktoren auf dem Horizont der Betrachtung erscheint (vgl. Luhmann 1968, S. 10, vgl. Hollstein-Brinkmann 1993, S. 32).

c) Theorie umweltoffener Systeme

Hierbei werden die Systeme als Summe der Austauschprozesse mit der Innen- und Umwelt definiert, deren Hauptaufgabe Grenz- und Bestandserhaltung ist.

Hollstein-Brinkmann (1993, S. 33) ordnet hier auch die sich im steady-state-Zustand (Fliessgleichgewicht) befindenden Systeme zu.

d) Kybernetische Systemtheorien, die der Reduzierung der Komplexität dienen, sofern das Verhältnis System und Umwelt in Anlehnung an Luhmann (1968, S. 10) als "eine Differenz in Komplexität" begriffen wird.

e) Hollstein-Brinkmann (1993, S. 33) ergänzt die Entwicklungsetappen von Luhmann um eine Systemtheorie als Theorie selbstreferentieller Systeme (Luhmann 1989a), die auf dem Terminus der Autopoiesies (Maturana/Varela 1982) basiert.

In folgenden Abschnitten werde ich den obigen Darstellungen entsprechend auf die allgemeine Systemtheorie, Theorie offener Systeme, autopoietische Systeme und Selbstorganisationstheorie näher eingehen.

2.5.1 Allgemeine Systemtheorie (General System Theory)

Anotol Rapaport schrieb im Vorwort zur deutschen Ausgabe von General System Theory (1988), dass "der Gedankenflug, der für die deutsche Naturphilosophie charakteristisch ist, die besonders in Amerika entwickelte systemische Sichtweise befruchtete. Die Saat ging auf und die Allgemeine Systemtheorie ist eine ihrer Früchte" (Rapaport 1988, Vorwort).

In der Tat regten die auf dem deutschen Boden stattgefundenen Diskussionen der "Vitalisten" und der "Mechanisten" Ludwig von Bertalanffy dazu an, seine ganzheitliche Ansichten zu formulieren und diese im Buch "General System Theory" zum Ausdruck zu bringen.

Rapaport, der selbst ja längere Zeit in Wien studiert hatte und sich insbesondere mit deutschen Wurzeln der Philosophie der Wissenschaft befasste, merkt an, dass die Ansichten von Bertalanffy gewisse

Ähnlichkeit mit der Naturauffassung von Goethe und Schelling aufweisen und sogar zum Teil der von Kant formulierten Philosophie der modernen Wissenschaft, die mit einer strengen Theorie der Erkenntnis in Verbindung steht, entstammten (vgl. Rapaport 1988, S. 4).

Bertalanffy selbst begreift die General System Theory als eine Theorie organisierter Komplexität.

Die von Bertalanffy aus der Biologie entwickelte Systemtheorie kann mit den Maximen der Systeme in der Physik und in der Kybernetik nicht identisch sein, denn solche, bei der Betrachtung der offenen Systeme unentbehrliche Grössen wie Ganzheit, Organisiertheit, Gerichtetheit, Zweckbestimmtheit und Differenzierung sind für die systemischen Begriffe der konventionellen Physik nicht anwendbar (vgl. Bertalanffy 1968, S. 34f).

Versucht man z.B., wie im Mittelalter, die Phänomene der Bewegung mit dem zielgerichteten Verhalten zu erklären, so kann es verhängnisvolle Folgen haben: die Steine würden dann auf die Erde deswegen fallen, weil sie selbst "aus Erden" sind und daher "ihre ursprüngliche Lage" suchen (Beispiel aus P. Frank 1965, S. 27f).

Rapaport führt die obengenannten Thesen von Bertalanffy weiter aus, indem er einerseits von dem Verständnis eines Systems als eines speziell zum Erreichen eines Zieles entworfenen, technologischen Mechanismus spricht und andererseits die deskriptive Einstellung zum System hervorhebt, der zufolge die fortgesetzte Existenz des Systems ein Zweck in sich selbst ist.

"Wenn man in diesem Zusammenhang überhaupt von einem Ziel eines Systems sprechen kann, so besteht es in der Erhaltung der eigenen Identität" (Rapaport 1988, S. 7).

Für die Erhaltung der eigenen Identität braucht ein offenes System die Systemgrenzen, deren Durchlässigkeitsgrad jedoch die Entwicklungsfähigkeit dieses Systems nicht hindern soll, denn ein offenes System ist auf den sich durch die dynamischen Interaktionen seiner Elemente vollziehenden Austausch der Materie, Energie und/oder Information mit der Umwelt angewiesen.

Das kybernetische Modell ist hingegen einem Steuerungsmodell unterworfen, wobei es einen gewünschten Sollwert zu unterhalten gilt und die Vorgabe der Ziele von Aussen erfolgt. Die kybernetischen Systeme vermögen die Informationen nicht zu vermehren, sondern bedürfen eines Informationsinputs (vgl. Bertalanffy 1968, S. 150).

Die Unterscheidung zwischen offenen und geschlossenen Systemen ergänzt Rapaport um ein Phänomen der progressiven Abnahme von Entropie, das in einem offenen - aber unmöglich in einem geschlossenen - System stattfinden und hiermit die Zunahme von Organisation des Systems bewirken kann. Diese Abnahme der Entropie eines lebenden Systems wird durch Zunahme der Entropie in der Umwelt dieses Systems kompensiert (vgl. Rapaport 1988, S. 244).

Da die offenen Systeme nicht die Entropie vermehren, „unterhalten sie sich in einem Zustand höher Organisiertheit und Wahrscheinlichkeit und sind in der Lage, sich aktiv zu einem höheren Organisationsgrad zu entwickeln“ (Hollstein-Brinkmann 1993, S. 37; vgl. Bertalanffy 1968, S. 143).

Sowohl die kybernetischen als auch die offenen Systeme befinden sich in einem Gleichgewichtszustand. Diese Annahme bedeutet, dass "das System nur im Gleichgewichtszustand beobachtbar“ ist (Hollstein-Brinkmann 1993, S. 37; vgl. Bertalanffy 1968, S. 143).

Folgerichtig ist davon auszugehen, dass das System nur solange beobachtbar ist, solange sein Gleichgewichtszustand existiert.

In der unseren Umwelt begegnen wir jedoch ziemlich selten Systemen, die schlagartig aus unserem Blickwinkel verschwinden. Vielmehr ist man gelegentlich der Zeuge des Übergangs eines Systems aus einem Gleichgewichtszustand in den anderen. Man denke dabei an einen platzenden Luftballon oder plötzlichen Kriegsausbruch (vgl. Rapaport 1988, S. 69).

Die lebenden Systeme befinden sich jedoch in einem besonderen Gleichgewichtszustand - im steady-state-Zustand (Fliessgleichgewicht). Von Bertalanffy (1968, S. 142) definiert einen langfristig stationären Fliessgleichgewicht als einen Zustand, während dessen Input der Materie dem Output der Materie angeglichen wird.

H. Stachowiak (1965, S. 3) geht davon aus, dass dem Fliessgleichgewicht nicht nur der Austausch von Energie, sondern auch der Austausch von Informationen unterliegt.

Dieser Informationsaustausch ist nach Meinung von Stachowiak (1965) von den Ausgangsbedingungen unabhängig und durch systeminterne Vorgänge determiniert.

Das weitere Charakteristikum der Differenzierung zwischen offenen und geschlossenen Systemen ist Äquifinalität, die Bertalanffy (1968, S. 132f) als Unabhängigkeit des Endzustandes vom Anfangsbestand definiert. Rapaport (1988, S.178) versteht unter Äquifinalität „Gleichheit im Endzustand".

Bertalanffy macht zwar evident, dass bei den ferngesteuerten Mechanismen die Änderung der Ausgangsbedingungen die Änderung des Entwicklungsverlaufs oder Zielzustandes hervorruft, erkannte aber bereits, dass das Prinzip der Äquifinalität nicht nur auf lebende Systeme beschränkt ist (Bertalanffy 1968, S. 133f).

Rapaport beweist weiterhin, dass diese Beschränkung nicht einmal für offene Systeme gilt: "Beispielsweise erreichen Systeme, die durch Makrow-Ketten (Modelle von Systemen, die in irgendeinem von n-Zustand zum anderen übergehen) dargestellt werden, einen Gleichgewichtszustand, unabhängig von den Anfangsbedingungen, die in diesem Fall durch die anfänglichen Wahrscheinlichkeitsverteilungen den Systemzustandes oder, alternativ, durch die anfänglich verhältnismässigen Anteile einer Gruppe von Systemen in den möglichen Zuständen dargestellt werden. "Offenheit" des Systems hat mit dieser Art von "Gleichheit im Endzustand" (Äquifinalität) nichts zu tun" (Rapaport 1988, S. 179).

Hollstein-Brinkmann (1993, S. 39) führt in Anlehnung an Kester (1984, S. 81ff) die "biokybernetischen Grundregeln" an, die kybernetischen Charakteristika mit den offenen Systemen verbinden:

a) "Regelkreisprinzip: negative Rückkoppelung dominiert über positive Rückmeldung" (Hollstein-Brinkmann 1993, S. 39).

Kriz (1991, S. 247) beschreibt die positive Rückkoppelung als Abweichung von einem "Sollwert", die ihrerseits noch mehr Abweichung hervorruft usw. bis das System explodiert. Die negative Rückkopplung begegnet diesem Problem dadurch, dass eine solche Abweichung durch das Betätigen entgegengesetzt agierender Mechanismen verhindert und hiermit der Ausgangszustand wiederhergestellt wird. Das System, das mit negativer Rückkoppelung ausgestattet ist, ist also weitgehend stabil.

b) "Unabhängigkeit der Funktionen von quantitativem Mengenwachstum.

c) Funktionsorientierung statt Produktorientierung durch Produktvielfalt und -wechsel" (Hollstein-Brinkmann 1993, S. 39).

Die lineare Kausalität der Form "A-B" geht von der Hintergrundannahme aus, dass jede Wirkung auf eine (oder mehrere) Ursache(n) zurückgeführt werden könne, und daher die Frage nach "Warum?" von immanenter Bedeutung sei. Die dynamischen Muster der zirkulären Kausalität (jede Handlung von A wirkt über Reaktion von B wieder auf A zurück) fordern jedoch die Fragestellung nach "Wie?" (Prozess- und Funktionsorientierung) (vgl. auch Kriz 1991, S. 228ff).

d) "Jiu-Jitsu-Prinzip: bereits vorhandene und potentielle Energien nutzen" (Hollstein-Brinkmann 1993, S. 39).

Die sich als Hilfe zur Selbsthilfe verstehende Sozialarbeit kann an dieser Grundregel nicht vorbeigehen. Die Forderung von Maja Heiner (1994, S. 131) "die ressourcenerschliessenden, integrierten Problemlösungen erarbeiten", will nicht nur dem Anspruch des ganzheitlichen Denkens gerecht werden, sondern betont die Suche nach vorhandenen umfeldbezogenen Ressourcen der KlientInnen und HelferInnen.

Auch die Berücksichtigung des auf der tieferen Ebene operational geschlossenen Charakters der lebenden Systeme legt den Gedanken nahe, dass nur das "Wecken" der schlafenden Energien des Problemsystems die wirkliche Veränderung im Hinblick auf die Problemlösung auslösen kann. So nutzt die "Mailänder Schule" um Selvini Palazzoli in der Psychotherapie die vorhandene Fähigkeit der Systeme zur Selbstorganisation, indem der Psychotherapeut "kommunikative Bomben" anzündet, hiermit das System der Familie z.B. aus dem gewohnten Gleichgewicht wirft und abwartet, bis das durch diesen Störeinfluss zur Strukturveränderung veranlasste System sich in autonomer Weise neue organisiert (vgl. Ludewig 1983; Kriz 1991, S. 234).

Weiterhin sollen nach Meinung von Kriz (1991, S. 236) auch die Krankheiten/Störungen der Systeme nicht immer als negativ angesehen werden, denn seit Freud sei als Tatsache anzusehen, dass eine Krankheit durchaus Zielen der Anpassung an die gegebene Wirklichkeit dienen und hiermit auch eine Form der Bewältigung mannigfaltiger Probleme darstellen könnte (vgl. Kriz 1991, S. 236).

d) "Mehrfachnutzung von Produktionen, Verfahren und Organisationseinheiten

e) Recycling (Wiedereinführung in neuen Kreislauf)

f) Symbiose (Zusammenleben verschiedener Arten) unter Nutzung kleinräumiger Diversität

g) "Biologisches Grunddesign": Vereinbarkeit technischer mit biologischen Strukturen, Feed-back-Planung und - Entwicklung"

(Hollstein-Brinkmann 1993, S. 39).

2.5.2 Theorie offener Systeme I

Im vorausgegangenen Kapitel ist darauf eingegangen worden, dass gemäss dem zweiten Gesetz der Thermodynamik alle natürlichen Systeme energetisch offen sein müssen.

Dies Offenheit des Systems führt die durch Interaktionen zwischen Einheiten produzierte Entropie (Unordnung) nach aussen in die Umwelt aus, so dass Zuwachs der Entropie verhindert und damit die Ordnung des Systems aufrechterhalten wird.

Die Systeme, die nur Energie abgeben und aufnehmen, werden als "halb offene Systeme" definiert. Die Systeme, die jedoch zusätzlich zu Energie noch Materie (Einheiten des Systems) austauschen, werden als "offene" aufgefasst. Stark (1994, S. 12) geht davon aus, dass "für die Biologie bei der Betrachtung von lebenden Systemen festgestellt werden kann, dass diese nicht nur Materie als Mittel zur Erzeugung von Energie benötigen, sondern Materie als solche, zwecks Wachstums, Reproduktion und Erhaltung der Ordnung innerhalb der Zeitdimensionen."

Das zweite Gesetz der Thermodynamik ist jedoch auch auf die lebenden Systeme anzuwenden, die folgerichtig auch als offen aufgefasst werden können.

Die offenen Systeme existieren in der Zeit. Wehrt (1974, S. 140) beschreibt das so: " Das offene System ist - ausser der Voraussetzung der räumlichen Offenheit, dass heisst von im Raume offenen Systemgrenzen - durch zeitliche Prozessstrukturen gekennzeichnet. Die in der Naturwirklichkeit beobachteten Systeme sind immer offene Systeme, da sie wirklich grundsätzliche Systeme sind, dass heisst solche, in denen sich zeitliche Veränderungsprozesse entwickeln. Der grundsätzliche zeitliche Charakter der offenen Systeme ist die notwendige Voraussetzung der Offenheit".

Die offenen Systeme existieren auch im Raum, da "sie nur einen begrenzten Ausschnitt der realen Welt umfassen, der durch die Auswahl der zum System gehörigen Objekte festgelegt ist" (Bertalanffy 1977, S. 17f).

Es ist evident, dass die lebenden Systeme, sofern sie Organismen sind sowohl im Raum als auch in der Zeit existieren.

Die Probleme ergeben sich erst bei der von Miller (1978) angenommenen Ausdehnung der Offenheit auf die sozialen Systeme, da er in seinem Konzept (s. auch Kapitel 2.4 "Isomorphie" dieser Hausarbeit) soziale Systeme (Kleingruppe, Grossgruppe, Organisation und Gesellschaft) als lebende einstuft und folgerichtig deren Existenz im Raum und Zeit annimmt.

Zur Bekräftigung seiner These führt Miller folgendes Beispiel auf: Eine amerikanische Wagenkolonne mit Westsiedlern wird von Indianer angegriffen. Schnell bilden die Wagen einen Kreis, in dessen Inneren Frauen und Kindern gebracht werden. Die Männer versuchen dann mit Gewehren dieses "System" gegen herum galoppierende Indianer zu beschützen.

Rapaport (1988, S. 25) merkt an, dass es in diesem Falle wichtig gewesen sei, den räumlichen Zusammenschluss zu erhalten, "weil die Formation die Wirkung des Gewehrfeuers maximierte".

Rapaport (1988, S. 25f) betont jedoch, dass dem obigen Beispiel unzählige Gegenbeispiele gegenübergestellt werden können, in denen die sozialen Systeme wie Familien, Organisationen etc. räumlich getrennt werden, ohne aufzuhören, als Systeme zu agieren.

Die Organisationen oder internationale Vereinigungen haben freilich Grenzen. Diese können jedoch mit den Grenzen des Organismus (z. B. Haut) nicht gleichgesetzt werden.

Was aber die Organismen mit sozialen Systemen verbindet, ist die Offenheit dieser Systeme, die sowohl den lebenden als auch sozialen Systemen erlaubt, Materie, Energie und/oder Information aufzunehmen, zu verarbeiten und auszugeben (vgl. Miller 1978, S. 19ff, 595).

Die höheren Ebenen (Gruppe, Organisation) in der Kette lebender Systeme von Miller (1978, S. 1037, vgl. auch Kapitel 2.4 dieser Hausarbeit) - Zelle, Gewebe, individueller Organismus, Kleingruppe, Grossgruppe, Gesellschaft - verfügen jedoch über mehr Möglichkeiten, Mängel- und Überschussbelastung zu meistern, da solche Grössen wie Organisation, Gesellschaft etc. die notwendige Komplexität besitzen (vgl. Hollstein-Brinkmann 1993, S. 41).

Das soziale System verfügt also über mehr Freiheit als das biologische System. Mehr Freiheit bedeutet allerdings auch mehr Erwartungsunsicherheit, denn die höheren lebenden Systeme reagieren kontingent.

Die im Zusammenhang mit der Komplexität stehende Kontingenz der anderen Systeme kann jedoch im Interaktionsprozess mit anderen Systemen durchaus als Hindernis gelten.

Willke (1991, S. 27) formuliert dies präziser: "Jedes psychisches oder soziales System erfährt also die Kontingenz anderer Systeme als ein Problem mangelnder Erwartungssicherheit; die eigene Kontingenz dagegen erfährt das System als Freiheitsgrade und Alternativspielraum".

Die weiteren qualitativen Unterschiede zwischen biologischen und sozialen Systemen führt Hollstein-Brinkmann (1993, S. 41) in Anlehnung an Maturana und Varela (1987, S. 216f) auf: die Organismen seien Systeme mit weniger autonomen Komponenten, menschliche Gesellschaften seien Systeme mit Komponenten maximaler Autonomie. Desweiteren bedürfen die menschlichen sozialen Systeme sprachlichen Bereiche, um ihre Identität zu sichern. Die Organismen hingegen sind auf die Erhaltung ihrer Anpassung angewiesen.

Als nächsten qualitativen Unterschied zwischen biologischen und sozialen Systemen unterstreichen Maturana und Varela (1987, S. 216f) die "eingeschränkte Kreativität" der Komponente von Organismen, da Komponente eines Organismus dafür da sind, für den Organismus zu existieren.

Das soziale System erweitert hingegen die Kreativität, da dieses System für die Mitglieder und nicht umgekehrt existiert.

Dem Gedankengang von Willke (1991, S. 27) entsprechend handelt es sich bei der Kreativität von sozialen Systemen um ein Phänomen des Produzierens der internen Komplexität.

Folgerichtig sei darauf hingewiesen, dass die komplexen Systeme nicht nur die Fähigkeit haben, die Komplexität der Umwelt zu reduzieren (z.B. durch Vertrauen vgl. Luhmann 1989b, S. 1-11), sondern auch imstande sind, eigene interne Komplexität hervorzubringen (vgl. Willke 1991, S. 27). Auf den Begriff der Weltkomplexität wird jedoch bei der Betrachtung von Luhmanns Theorie sozialer Systeme ausführlicher eingegangen.

Im Gegensatz zu Miller beschreibt Talcott Parsons (1985, S. 13ff) nicht die in der Wirklichkeit existierenden Systeme, sondern die abstrakteren menschlichen Handlungssysteme, deren Bezug zu tatsächlichem menschlichen Handeln jedoch nicht übersehen werden soll.

Parsons unterscheidet zwischen Subsystemtypen des Handlungssystems, von denen jeder eine Hauptfunktion wahrnimmt:

a) Soziales Subsystem mit der integrativen Funktion,

b) kulturelles Subsystem mit der Hauptfunktion der Normenerhaltung,

c) Subsystem der Persönlichkeit mit der Funktion der Zielverwirklichung und

d) Verhaltensorganismus mit der Anpassungsfunktion (vgl. Parsons 1985, S. 13).

Die Umwelt des Handlungssystems unterteilt er in die „physische Realität“ und in die „letzte Realität" (vgl. Parsons 1985, S. 14).

Die physische Realität umfasst nach Parsons nicht nur physikalisch und chemisch einzuordnende Erscheinungen, sondern die alle im Handlungssystem nicht integrierten, lebenden Organismen.

Den Begriff der "letzten Realität" gebraucht Parsons im philosophischen Sinne und bezeichnet hiermit das, "was Weber das ‘Sinnproblem’ für menschliches Handeln nannte. Die ‘letzte Realität’ wird hauptsächlich mit Handlung vermittelt durch die Strukturierung bedeutungsvoller Orientierungen im kulturellen System, welche kognitive ‘Antworten’ einschliessen, sich jedoch nicht in ihnen erschöpfen".

Es ist evident, dass das System mit oben beschriebenen Handlungsumwelten in Wechselbeziehungen steht. Diese Beziehungen wie auch die Beziehungen zwischen den verschiedenen Handlungssubsystemen sind gegenseitig durchdringend (vgl. Parsons 1985, S. 14f).

Aus dieser gegenseitigen Durchdringung folgert Lüssi (1992, S. 66) das Phänomen der Interdependenzen der Systemkategorien, das mit Begriffen wie "psychosomatisch", "soziokulturell" etc. gekennzeichnet wird.

An der Grenze zwischen zwei Handlungssystemen entstehen nach Parsons (1985, S. 14f) die Zonen gegenseitiger Durchdringung, die nicht nur beiden Systemen zugeordnet werden können, sondern auch erst die notwendigen Austauschprozesse zwischen Systemen ermöglichen.

Deshalb haben wir soziale Systeme als "offen" und durch Informationseingaben und -ausgaben in ständigem Austausch mit der Umwelt stehend konzipiert" (Parsons 1985, S. 15).

Die obigen Ausführungen hatten zum Ziel, plausibel zu machen, dass der Ansatz von Talcott Parsons ein strukturell-funktioneller ist. Im

Rahmen dieses Ansatzes werden die sozialen Systeme mit bestimmten Strukturen vorausgesetzt und die Frage nach den funktionellen Leistungen aufgeworfen, die erbracht werden müssen, um den Bestand des sozialen Systems zu erhalten.

Der oberste Bezugspunkt der Parsons'schen Theorie ist hiermit die Bestandserhaltung des sozialen Systems.

Niklas Luhmann (1970a) gebraucht ähnliche Termini der Struktur und Funktion, stellt jedoch in seiner Theorie sozialer Systeme das Verhältnis zwischen diesen so um, dass nicht nur den Kritikpunkten der verschiedenen Autoren an der Parsons'schen Theorie Rechnung getragen wird, sondern auch universelle soziologische Theorie entsteht.

Den Begriff der Funktion setzt er dem Terminus Struktur voraus und impliziert folgerichtig die funktionell-strukturelle Systemtheorie.

Nach Meinung von Kenner und Nassehi (1993, S. 36) werden mit der funktionell-strukturellen Systemtheorie gleich zwei inhaltliche Korrekturen an Parsons' Ansatz vorgenommen.

Zum einen erreicht Luhmann mit der Voranstellung des Funktionsbegriffs dem Strukturbegriff, dass eine nicht an Normen und Werten geknüpfte Definition des Sozialen eine Existenzberechtigung erwirbt.

Zum anderen geht Luhmann (1970a, S. 33) davon aus, dass der Ausfall der Systemleistungen nicht unbedingt das Ende des sozialen Systems bedeutet, da dieses die ausgefallenen Leistungen durch andere zu ersetzen vermag.

Unter einem sozialen System versteht Luhmann die miteinander verknüpften Handlungen mehrerer Personen. Das soziale System grenzt sich von der Umwelt ab. Zur Umwelt eines Systems gehören dann alle jene Handlungen, die keinen sinnenhaften Bezug zum System unterhalten.

Als dritte Grösse unterscheidet Luhmann (1970a, S. 100ff) die Welt, die den obersten Bezugspunkt der funktionellen Analyse darstellt.

"Die Welt ist weder System noch Umwelt, sie umgreift vielmehr alle Systeme und die dazu gehörenden Umwelten, sie ist also die Einheit von System und Umwelt" (Kneer/Nassehi 1993, S. 40).

Die Welt ist jedoch sehr komplex. Komplexität liegt dann vor, wenn etwas mehr als einen Zustand aufweist.

Der Begriff der Komplexität der Welt und der Möglichkeiten deren Reduzierung nimmt nach Auffassung von Kneer (1993, S. 40) wichtige Stellung in der Theorie von Luhmann ein.

Da die Welt sehr komplex ist und der Mensch nur begrenzte Fähigkeit besitzt, diese Komplexität zu begreifen und zu verarbeiten, entsteht zwischen der Weltkomplexität und dem menschlichen Bewusstsein eine Lücke. An dieser Stelle setzen die sozialen Systeme an, deren Aufgabe es ist, die Reduktion der Weltkomplexität zu reduzieren oder mögliche Zustände der Umwelt zu verringern (vgl. Luhmann 1970a, S. 116ff).

Das System ist aber auch auf das Produzieren der eigenen Komplexität angewiesen, denn nicht nur die Aufgabe der Reduktion der Weltkomplexität macht dies notwendig, sondern auch die Eigenkomplexität gewährleistet den Fortbestand des Systems unter den sich laufend ändernden Umweltbedingungen.

"Je komplexer ein System ist, desto mehr Möglichkeiten besitzt es, auf wechselnde Umweltanforderungen angemessen zu reagieren" (Kneer und Nassehi 1993, S. 41).

Luhmann (1970b) differenziert drei Typen von sozialen Systemen:

- Interaktionssysteme,
- Organisationssysteme und
- Gesellschaftssysteme.

a) Das Interaktionssystem entsteht durch die Handlungen der anwesenden Personen.

b) Das Organisationssystem lässt sich dann definieren, wenn in einem Handlungssystem die Mitgliedschaft an bestimmte Bedingungen geknüpft ist (vgl. Luhmann 1970b, S. 12).

c) Die Gesellschaft umfasst alle Interaktions- und Organisationssysteme, ist jedoch mehr als die Summe aller dieser Systeme.

Damit ist die Gesellschaft "ein System höherer Ordnung, ein System anderen Typs" (Luhmann 1970b, S. 11)

Die sozialen Systeme (die obenbeschriebenen drei Formen) reduzieren die Weltkomplexität. Dass Luhmann dem Phänomen der Reduktion der Komplexität in seinen späteren Werken weniger Bedeutung zumisst, wird die Darstellung im Kapitel "Theorie offener Systeme II" aufzeigen.

2.5.3 Autopoietische Systeme

Das noch heute als Paradigmawechsel in der Systemtheorie definierte Autopoiesis-Konzept wurde von den chilenischen Biologen und Neurophysiologen Humberto R. Maturana und Francisco J. Varela entwikkelt, die bereits in den sechziger und siebziger Jahren die Grundlagen dafür geschaffen haben.

Das Wort "Autopoiesis" entspringt den griechischen Worten autos (selbst) und poiein (machen) und meint die Selbsterzeugung, Selbstherstellung.

Mit dem Autopoiesis-Begriff formulierten Maturana und Varela (1982) ein Organisationsprinzip, das für alles Lebendiges gelten soll.

Dabei greifen die beiden chilenischen Wissenschaftler auf den mechanistischen Ansatz zurück, das heisst, sie versuchen die Phänomenen der Selbsterzeugung und -herstellung nicht mit dem Heranziehen von übernatürlichen Kräften zu erklären, sondern bedienen sich der physischen und chemischen Gesetzen und Prinzipien.

Maturana und Varela (1982, S. 184f) beschreiben die autopoietischen Systeme oder Maschinen folgendermassen: "Eine autopoietische Maschine ist eine Maschine, die als ein Netzwerk von Prozessen der Produktion (Transformation und Destruktion) von Bestandteilen organisiert (als Einheit definiert) ist, das die Bestandteile erzeugt, welche 1. aufgrund ihrer Interaktionen und Transformationen kontinuierlich eben dieses Netzwerk an Prozessen (Relationen), das sie erzeugte, neu generieren und verwirklichen, und die 2. dieses Netzwerk (die Maschine) als eine konkrete Einheit in dem Raum, in dem diese Bestandteile existieren, konstituieren, indem sie den topologischen Bereich seiner Verwirklichung als Netzwerk bestimmen".

Aus der obengenannten Definition wird plausibel, dass die lebenden Systeme sich selbst herstellen und erhalten können, indem sie die Komponenten und Bestandteile, aus denen sie bestehen, selbst produzieren.

"Dies muss man sich derart vorstellen, dass die Komponenten in einem zirkulären Prozess miteinander interagieren und dass dabei die Komponenten ständig erzeugt werden, die zur Erhaltung des Systems notwendig sind" (Kneer/Nassehi 1993, S. 49).

Die alle lebenden Systeme kennzeichnende autopoietische Organisation lässt sich nicht bei den nicht-lebenden Systemen vorfinden, die allopoietisch organisiert werden.

Im obigen Satz stellten wir fest, dass alle lebenden Systeme durch autopoietische Organisation determiniert sind. Woher kommt dann aber die Vielfalt der Arten auf unserem Planeten? Alle Lebewesen verfügen zwar über die gleiche Organisation, aber über unterschiedliche Strukturen.

Während die autopoietische Organisation auf die Einheit des zirkulären Produktionsprozesses der Systemelemente abzielt, bedeutet die Struktur die konkreten Beziehungen oder Relationen zwischen den Bestandteilen des Systems.

Die Relationen zwischen diesen Bestandteilen sind jedoch in den fortlaufenden Produktionsprozess des Systems eingebettet und damit änderbar.

"Autopoietische Systeme sind, zumindest solange sie am Leben bleiben, organisationsinvariante und zugleich strukturveränderbare Systeme" (Kneer/Nassehi 1993, S. 50).

Da die konkreten Systemoperationen von der jeweiligen Systemstruktur vor der Operation abhängig sind, lassen sich die Systemoperationen als Struktur- oder zustandsdeterminierte Systeme definieren.

Maturana und Varela (1982) beschreiben die autopoietischen Systeme als zugleich geschlossene und offene Systeme: geschlossen, weil sie sich ausschliesslich auf sich selbst rekursiv beziehen (Selbstreferenz) und weder Input noch Output aufweisen; und offen, weil die lebenden Systeme auf den ständigen Austausch von Materie und Energie mit ihrer Umwelt angewiesen sind.

Zum Verhältnis zwischen den scheinbar sich ausschliessenden Phänomenen der Geschlossenheit und Offenheit der lebenden Systeme ist zu sagen, dass der notwendige Energie- und Materieaustausch erst durch die Geschlossenheit der lebenden Systeme ermöglicht wird.

Zwar ist das System darauf angewiesen, im ständigen Austausch mit seiner Umwelt zu stehen, dieser wird jedoch vom System gesteuert, das heisst, die geschlossene Organisation eines Systems legt die Formen des Austausches mit der Umwelt fest.

Als geschlossenes System lässt sich nach Maturana/Varela auch das Nervensystem definieren. Zu diesem Schluss gelangen die Neurophysiologen aufgrund der Ergebnisse ihrer Forschungen zu einer konstruktivistischen Kognitionstheorie. Bei diesen Experimenten liessen sich die Korrelationen zwischen Lichtquelle und Nervensystem einer Taube nicht nachweisen, wohl aber die Korrelationen zwischen unterschiedlichen Neuronen (vgl. Maturana 1990).

Die Annahme der Geschlossenheit des Nervensystems auch beim Menschen führt zu der Erkenntnis, dass die neuronalen Aktivitätszustände einzig eine Reaktion auf die vorhergehenden Aktivitätszustände und keine Reaktion auf die äusseren Einflüsse darstellt. Die Umweltfaktoren können das als ein geschlossenes System definierte Nervensystem zwar anregen oder irritieren aber keineswegs auf dem direkten Wege beeinflussen. Wie die Reaktion des Nervensystems auf die Anregung oder Irretation der Umwelt aussehen wird, lässt sich durch die Analyse der zu dieser Situation führenden Faktoren nicht erklären und ist lediglich durch die systeminternen Vorgänge determiniert.

Auch das Wahrnehmen der Umweltsignale durch das geschlossene, selbstreferentielle menschliche Gehirn kann nicht als Input verstanden werden, da die Sinnesorgane die jeglichen Informationen in die "Sprache" der neuronalen Aktivitäten umwandeln, ohne die reizspezifische Unterscheidung vorzunehmen.

Den obigen Ausführungen zufolge, ist es evident, dass das Nervensystem ein geschlossenes, rekursives, selbstreferentielles und autonomes Gebilde ist.

Trotz diesen Merkmalen verweigern Maturana und Varela (vgl. Maturana 1990, S. 36f) die Bezeichnung "autopoietisch" dem Nervensystem, da die Nervenzellen dieses zwar die bioelektrischen Ereignisse hervorbringen, aber sie sich selbst nicht reproduzieren.

Damit wird plausibel, dass der Autopoiesis-Begriff und der Begriff der Selbstreferenz bei Maturana und Varela nicht zusammenfallen, sondern unterschiedliche Bedeutungen implizieren.

Die autopoietischen Systeme sind demnach die selbsterzeugenden und selbsterhaltenden Gebilde, während mit der Selbstreferenz die Selbstbezüglichkeit geschlossener Systeme gemeint wird (vgl. Kneer/ Nassehi 1993, S. 54).

Den Terminus der Autopoiesis hatten die chilenischen Wissenschaftler ausschliesslich für die lebenden Systeme reserviert. Die Ausdehnung dieses auf die sozialen Gebilden lehnten sie ab, da Maturana und Varela (vgl. Maturana 1990) auf dem Standpunkt standen, dass die sozialen Systeme zwar aus entsprechenden Systemmitgliedern, aus menschlichen Lebewesen - und damit folgerichtig aus autopoietischen Systemen - bestehen, sich selbst jedoch durch eigenes Operationieren nicht produzieren.

Ungeachtet der obigen Tatsachen nimmt Luhmann (1985) die Ausdehnung des Autopoiesis-Begriffs auf die sozialen Systeme vor. Er konzipiert die sozialen Systeme als selbstreferentiellgeschlossene, autopoietische Grössen.

Dabei wird bei Luhmann mit dem Begriff der Selbstreferenz, oder besser der basalen Selbstreferentialität nicht nur die Selbstbezüglichkeit eines Systems erfasst, sondern auch die Selbsterzeugung und -erhaltung des Systems durch die fortlaufende Produktion seiner Komponente.

Mit dem Zusatz basal wird das Phänomen der Herstellung der Systemelemente durch Systemelemente hervorgehoben.

Luhmann konzipiert aber nicht nur das Verständnis der Selbstreferenz neu und fasst die sozialen Systeme als autopoietischen auf, sondern nennt neben den lebenden und sozialen Systemen auch weitere Systeme, die autopoietisch organisiert sind. Diese sind nach Luhmann die psychischen Systeme, also die Bewusstseinsysteme.

"Der Begriff der Autopoiesis ist zur Definition des Begriffs des Lebens eingeführt worden und wird weithin auch in dieser Beschränkung benutzt. Es wird jedoch zweckmässig sein, den Begriff noch weiter zu abstrahieren. Man kann nicht einfach voraussetzten, dass Bewusstseinsysteme oder soziale Systeme "lebende" Systeme sind. Zumindest folgt dies nicht aus der unbestreitbaren Tatsache, dass bewusste Systeme und soziale Systeme Leben voraussetzen. Gerade der Begriff der Autopoiesis regt dazu an, nach autonomen Formen der Produktion und Reproduktion der Einheit eines Systems zu suchen, also zumindest die Möglichkeit nicht ausser acht zu lassen, dass lebende Systeme, bewusste Systeme und soziale Systeme ihre je eigene Weise der Autopoiesis auf verschiedene Weise zustande bringen" (Luhmann 1985, S. 402f).

Dabei werden die Unterschiede zwischen psychischen, sozialen und lebenden Systemen durch die Ausdehnung des Autopoiesis-Begriffs auf alle diese Systemkategorien nicht getilgt, da die Organismen, Bewusstseinsysteme und soziale Systeme zwar sich selbst erzeugen und erhalten, reproduzieren jedoch ihre Systemkomponente durch andere Systemkomponente auf verschiedenste Art und Weise.

Desweiteren geht Luhmann auf die Frage der Geschlossenheit und der erst dadurch bedingten Offenheit des Systems ein: "Es gibt weder Input von Einheit in das System, noch Output von Einheit aus dem System. Das heisst nicht, dass keine Beziehungen zur Umwelt bestehen, aber diese Beziehungen liegen auf anderen Realitätsebenen als die Autopoiesis selbst" (Luhmann, 1985, S. 403).

Es sind also keine Unterschiede in der Auffassung von Luhmann und Maturana/Varela hinsichtlich der Geschlossenheit und Offenheit der Systeme festzustellen.

Am Beispiel eines Bewusstseinsystems lässt sich die obengenannte These demonstrieren: Ein Bewusstseinsystem reproduziert in einem rekursiven Prozess fortlaufend seine Komponente aus seinen Komponenten. Diese Komponenten sind nach Luhmann (1985, S. 406) die Gedanken bzw. Vorstellungen[1].

Das Bewusstsein ist nach Luhmann ständig damit beschäftigt, die immer wieder verschwindenden Gedanken neue zu produzieren. Dieses Produzieren darf jedoch nicht so aufgefasst werden, dass die Gedanken aus dem Nichts, oder, wie es Kneer (1993, S. 60) ausdrückt, als creatio ex nihilo entstehen.

Das Bewusstsein ist auf die bestimmte Zufuhren aus der Umwelt angewiesen und kann ohne bestimmten Umweltvorausssetzungen nicht existieren. Luhmann (1985) bekräftigt diese These zusätzlich, indem er den Begriff der Autopoiesis von dem Begriff der Authypostasis differenziert.

Vor allem ist das Bewusstsein auf die Gehirntätigkeit angewiesen. Diese Gehirntätigkeiten sind Produkte des Gehirns und dürfen mit den Gedanken nicht gleichgesetzt werden, zumal das Gehirn vom Standpunkt des Bewusstseins in seiner Umwelt liegt.

Kneer/Nassehi (1993, S. 62) versuchen die obigen Ausführungen so zu bekräftigen: Erstens die Gehirnströme sind messbar, diese Messungen machen jedoch nicht sichtbar, was das beteiligte Bewusstsein

---

1 Mit dieser Auffassung ist Luhmann mittlerweile selbst nicht einverstanden, denn die Gedanken nur eine Fähigkeit des Bewusstseins hervorheben - nämlich Denken, obgleich es auch andere bewusstseinstypische Operationsweisen wie Wahrnehmen, Fühlen, Wollen gibt.

Deswegen betont Luhmann: „Ich habe vorgeschlagen, vom Denken zu sprechen, bin damit aber nicht sehr zufrieden. Husserl hatte, und das wäre ein weiterer ernstzunehmender Kandidat, von intentionalen (gerichteteten) Akten gesprochen“(Luhmann 1992, S. 123).

denkt. Zweitens können die Gedanken nicht die Auskunft darüber liefern, welche Gehirnaktivitäten bei ihrem Entstehen betätigt wurden.

Abschliessend merken die Autoren an, dass " das Bewusstsein bei der Produktion von Gedanken auf bestimmte Umweltbeiträge - insbesondere bestimmte Gehirnprozesse - angewiesen ist, aber diese Umweltbeiträge bleiben Beiträge, die in der Umwelt des Bewusstseins stattfinden" (Kneer/Nassehi 1993, S. 62).

Das Gehirn und das Bewusstsein sind also aufeinander angewiesen, bleiben jedoch füreinander Umwelt. So ein Verhältnis zwischen zwei Systemen definiert Luhmann als Interpenetration oder - in seinen späteren Schriften (vgl. Luhmann 1992) - als strukturelle Kopplung.

2.5.4 Theorie offener Systeme II

Oben ist darauf eingegangen worden, dass Luhmann das Autopoiesis-Konzept auf die sozialen Systeme überträgt, die sich dann folgerichtig selbst rekursiv erzeugen und erhalten.

Dieses Selbst-Erhalten und Selbst-Erzeugen erfolgt durch rekursives Produzieren der Elemente der sozialen Systeme.

Unter Elementen der sozialen Systeme versteht Luhmann (vgl. Luhmann 1988a, S. 191ff) die Kommunikationen. Damit stellt Luhmann nicht nur das Konzept in Frage, dass die sozialen Systeme aus Menschen bestehen, sondern verwirft sogar seine eigene, in früheren Publikationen zum Ausdruck gebrachte Einsicht, dass die sozialen Systeme als Handlungssysteme gelten können.

Soziale Systeme sind also nach Luhmann Kommunikationssysteme, die sich durch den fortlaufenden Anschluss der Kommunikationen an Kommunikationen reproduzieren.

Die Menschen bilden nicht die kleinste Einheit eines sozialen Systems, sondern tauchen in Luhmann's Theorie lediglich in der Umwelt des Systems auf, da die Kommunikation als ein Produkt des sozialen Systems aufgefasst wird und nicht als ein Ergebnis menschlichen Handelns: "Der Mensch kann nicht kommunizieren; nur die Kommunikation kann kommunizieren." (Luhmann 1990, S. 31).

Diese auf den ersten Blick paradoxe Aussage ist von der strengen logischen Konsequenz der Systemtheorie durchdrungen. Der Mensch besteht zwar aus verschiedenen Systemen (psychisches, organisches usw.), macht jedoch als Einheit kein System aus! Es gibt also keine übergreifende autopoietische Einheit, die viele Systeme des Menschen umfasst (vgl. Kneer/Nassehi 1993, S. 66).

Damit kehren wir wieder zu der holistischen Aussage zurück, dass das Ganze (in diesem Falle der Mensch) immer mehr ist als die Summe seiner Teile ist.

Das psychische System, das neuronale und das organische System des Menschen sind selbstreferentiell-geschlossen organisiert, das heisst, diese Systeme können aufgrund ihrer Geschlossenheit nicht miteinander in Kontakt treten. Die Kommunikation darf also nicht als ein Austauschprozess zweier psychischer Systeme definiert werden und bildet einen eigenständigen und eigendynamischen Prozess.

"Kommunikationen sind“, so Luhmann, „keine Operationen von Organismen, Nervensystemen oder Bewusstseinssystemen, vielmehr kommen sie zustande durch die Konstitution einer neuen Art von Systemen - und zwar sozialen Systemen" (Kneer/Nassehi 1993, S. 68).

Die sozialen Systeme reproduzieren sich, wie oben angedeutet, indem sie die Kommunikationen an Kommunikationen anschliessen. Bei diesem selbsterzeugenden und selbsterhaltenden Vorgang sind sie jedoch auf bestimmte Umweltbedingungen angewiesen - nämlich auf Vorhandensein (mindestens) zweier Menschen und damit auf die Präsenz der (mindestens) zweier Mehrheiten von neuronalen, organischen und psychischen Systemen.

Der Mensch befindet sich demnach nicht im sozialen System, sondern in der Umwelt eines sozialen Systems und büsst hiermit seine hegemonische, zentrierte Stellung in der gesamten philosophischen und soziologischen Tradition ein.

Diese ungewöhnliche Denkperspektive mag einem oder dem anderen als eine Abwertung der humanistischen Ansätzen erscheinen, eröffnet aber zugleich die Möglichkeiten der Schwerpunktenverlagerung der Betrachtung.

"Sieht man den Menschen als Teil der Umwelt der Gesellschaft an (statt als Teil der Gesellschaft selbst), ändert das die Prämissen aller Fragestellungen der Tradition, also auch die Prämissen des klassischen Humanismus. Das heisst nicht, dass der Mensch als weniger wichtig eingeschätzt würde im Vergleich zur Tradition. Wer das vermutet (und aller Polemik gegen diesen Vorschlag liegt eine solche Unterstellung offen oder versteckt zu Grunde), hat den Paradigmawechsel in der Systemtheorie nicht begriffen" (Luhmann 1988a, S. 289).

Soziale Systeme bestehen also nicht aus Menschen, sind jedoch mit den psychischen Systemen der Menschen strukturell gekoppelt: keine Kommunikation (als Element des sozialen Systems) kann ohne Bewusstsein (psychisches System des Menschen) auskommen und umgekehrt. Diese strukturelle Kopplung ändert aber nichts an der Tatsache, dass Bewusstsein und Kommunikation füreinander Umwelt bleiben (vgl. Luhmann 1990, S. 281).

Aus den obigen Ausführungen folgt, dass die sozialen und psychischen Systeme füreinander intransparent bleiben: soziale Systeme produzieren Kommunikation und die psychischen Systeme erzeugen Gedanken. Aus den Kommunikationen geht jedoch nicht hervor, was die beteiligten psychischen Systeme denken.

Diese Erkenntnis hätte kaum zu überschätzende Konsequenzen für die Gesprächsführung und die Soziale Arbeit in Form der Einzelfallhilfe.

Die psychischen und sozialen Systeme sind nach Luhmann die sinnkonstituierenden Systeme (Luhmann 1988a, S. 64). Der Sinn-Begriff wird jedoch in der Theorie von Luhmann nicht im Alltagsverständnis gebraucht.

Grundlegend für den Sinn-Begriff ist die Differenzierung von Aktualität und Möglichkeit.

"Sinn ist laufendes Aktualisieren von Möglichkeiten. Da Sinn aber nur als Differenz von gerade Aktuellem und Möglichkeitshorizont Sinn sein kann, führt jede Aktualisierung immer auch zu einer Virtualisierung der daraufhin anschliessbaren Möglichkeiten" (Luhmann 1988a, S. 100).

Sinngeschehen ist dem obigen zufolge instabil, da der Aktualitätskern ständigem Zerfall unterliegt und neue Möglichkeiten in Erscheinung treten. Das Nicht-Aktualisierte geht dabei nicht verloren, sondern bleibt erhalten und kann später aktualisiert werden.

Da die nicht-aktualisierten Möglichkeiten "gespeichert" und auch später aktualisiert werden können, verfügt ein soziales oder psychisches System über einen Mechanismus der Reduktion und Erhaltung von Komplexität[2].

Sinn, so Luhmann (1988, S. 94), reduziert die unfassbar hohe Komplexität der Welt und hält diese für die Operationen psychischer bzw. sozialer Systeme verfügbar. Die Operationen vernichten nicht dabei die Komplexität, sondern vielmehr regenerieren sie.

"Sinn ist mithin - der Form, nicht dem Inhalt nach - Wiedergabe von Komplexität, und zwar eine Form der Wiedergabe, die punktuellen Zugriff, wo immer ansetzend, erlaubt, zugleich aber jeden solchen Zugriff als Selektion ausweist und, wenn man so sagen darf, unter Verantwortung stellt" (Luhmann 1988a, S. 95).

Desweiteren impliziert Luhmann (1988, S. 112ff) drei Sinndimensionen: die Sachdimension, die Sozialdimension und die Zeitdimension.

Die Sachdimension beschreibt das, *was* in der Wellt ist: Gegenstände, Theorien, Inhalte, Meinungen usw. Dabei handelt es sich immer um die Gegenstände sinnhafter Intention (in psychischen Systemen) oder um die Gegenstände sinnhafter Kommunikation (in sozialen Systemen).

Die Sozialdimension wird dadurch konstituiert, dass es vorgegeben wird, *wer* Gegenstände, Theorien, Inhalte, Meinungen usw. thematisiert.

---

2 Auf die Bedeutung des Zusammenhangs zwischen Sinn und Komplexität hat Luhmann bereits in seinen früheren Werken aus den sechziger und siebziger Jahren hingewiesen. Der Sinn-Begriff wird also nicht mit dem autopoietischen Paradigmawechsel eingeführt, sondern fungiert als Grundbegriff der Theorie sozialer Systeme schon in seinen von der Reduktion von Komlexität geprägten Schriften (vgl. Luhmann 1968; ders., 1970a; ders., 1970b).

Die Zeitdimension impliziert, *wann* etwas geschieht.

Dabei trägt Luhmann nicht unwesentlich der Erkenntnis bei, was unter Gegenwart zu verstehen ist. Während die Holisten die Vergangenheit als Erfahrung und Zukunft als Erwartung definieren, lässt sich die Gegenwart mit Luhmann (1988, S. 117) als eine Zeitspanne zwischen Vergangenheit und Zukunft auffassen, in der das Irreversibelwerden einer Veränderung stattfindet. Die Gegenwart dauert also so lange an, so lange das Irreversibelwerden andauert. Diese Definition der Zeit vermag auch in der praktischen Sozialarbeit gute Dienste zu leisten, so sollten ein noch nicht rechtskräftiges Urteil im Kindschaftsrecht, eine schwere, aber heilbare Krankheit der Klienten usw. die SozialarbeiterIn nicht entmutigen, die ja noch andauernde Gegenwart zu beeinflussen und diese im Sinne der Wirklichkeitskonstruktion zu verändern.

Darüber hinaus ist für eine sich als Sozialberatung verstehende Sozialarbeit von immanenter Bedeutung, den Kommunikationsbegriff aus dem Blickwinkel der Systemtheorie neu zu definieren.

Kommunikation ist nach Luhmann (1988, S. 193) nicht ein Prozess der Übertragung einer Nachricht vom Sender zum Empfänger mit anschliessendem Feedback des Empfängers, sondern ein dreistelliger Selektionsprozess, der Information, Mitteilung und Verstehen miteinander verbindet.

Jedem an einem Kommunikationsgeschehen beteiligten psychischen System steht frei, zwischen verschiedenen Informationen, unterschiedlichen Mitteilungsmöglichkeiten (z.B. schriftlich oder mündlich) und möglichen Verstehensinterpretationen zu wählen.

Wird eine Auswahl in allen von diesen Selektionsdimensionen getroffen, spricht man von der Kommunikation (vgl. Luhmann 1988a, S. 193ff; ders. 1990, S. 23).

Der Mensch trifft also die Entscheidung, was er sagen möchte und wie er das tun möchte. Ausserdem hat er die Möglichkeit, die Reaktion seines Interaktionspartners auf die selektive Art und Weise unterschiedlich zu interpretieren.

Wie jedoch Kneer/Nassehi (1993, S. 90) anmerkt, "kann der Mensch die Kommunikation nicht kausal steuern oder determinieren. Der Mensch ist nicht das Subjekt, nicht der Urheber, nicht die Ursache von Kommunikation. Allein die Kommunikation kommuniziert, und dabei kommuniziert die Kommunikation über handelnde Personen".

Die aus Kommunikationen bestehenden sozialen Systeme sind beobachtende Systeme. Die Beobachtung definiert Luhmann (1990, S. 77f) als Bezeichnung-anhand-einer-Unterscheidung.

Etwas beobachten bedeutet also, etwas im Rahmen einer Unterscheidung bezeichnen.

In Anlehnung an Kneer/Nassehi (1993, S. 97) lassen sich acht epistemologischen Konsequenzen aufführen, die mit dem Beobachtungsbegriff in Verbindung stehen:

a) Nicht nur die autopoietischen Systeme verfügen über die Fähigkeit zu beobachten, sondern auch allopoietische Systeme.

Als Beispiel kann der Thermostat aufgeführt werden, der die Zimmerheizung beobachtet, indem er die Unterscheidung Temperaturabweichung/eingestellte Temperatur vornimmt und die Temperaturabweichung bezeichnet.

b) Die sozialen Systeme, die ihre Umwelt beobachten, treten durch Beobachten nicht mit ihrer Umwelt in Kontakt. Die sozialen Systeme bleiben also operativ geschlossen und konstruieren das Beobachten als eine systeminterne Operation (vgl. Luhmann 1990, S. 77f u. 115f).

c) Jeder Beobachtungsprozess ist dadurch gekennzeichnet, dass die Bindung an die gewählte Unterscheidung vorliegt.

So kann der kriminell gewordene Jugendliche entweder im Unrecht oder im Recht sein - es gibt nur diese beiden Möglichkeiten. Im Rahmen der anderen Unterscheidungen (fair - unfair, gewinnbringend - nicht gewinnbringend) mag sich eine andere Perspektive ergeben, die jedoch an eine andere Beobachtung geknüpft ist.

Diese These hebt die Bedeutung des Beobachters und des Beobachtungswinkels hervor und erteilt dem beständigen Schwarz-Weiss-Denken eine Absage.

Wie Lamnek (1993) hinsichtlich des abweichenden Verhaltens anmerkt, ist es oft nicht die Tat, die kriminell ist, sondern der Beobachter, der sie erst als kriminell definiert.

d) Da die Beobachtung nicht zugleich beide Seiten der Unterscheidung bezeichnen kann, kann sie sich selbst im Moment der Beobachtung nicht beobachten. Damit bildet die eigene Unterscheidung einer Beobachtung den blinden Fleck dieser Beobachtung.

Eine zweite Beobachtung kann jedoch die Unterscheidung der ersten Beobachtung bezeichnen und wird daher von Luhmann als Beobachtung zweiter Ordnung definiert.

e) Die Beobachtung zweiter Ordnung kann jedoch sich selbst auch nicht beobachten und ist an die eigenen Unterscheidungen gebunden.

In bezug auf sich selbst weist also die Beobachtung der zweiten Ordnung kein Privileg auf.

"Ein Beobachter kann nicht sehen, was er nicht sehen kann. Er kann auch nicht sehen, dass er nicht sehen kann, was er nicht sehen kann. Aber es gibt eine Korrekturmöglichkeit: die Beobachtung des Beobachters. Zwar ist auch der Beobachter zweiter Ordnung an den eigenen blinden Fleck gebunden, sonst könnte er nicht beobachten. Der blinde Fleck ist sozusagen sein Apriori. Wenn er aber einen anderen Beobachter beobachtet, kann er dessen blinden Fleck, dessen Apriori, dessen "latente Strukturen" beobachten" (Luhmann 1989a, S. 10f).

f) Im Rahmen der Beobachtung der ersten Ordnung erscheint die Welt monokontextural: es gibt entweder den positiven Wert oder den negativen Wert, eine andere Möglichkeit ist nicht vorhanden.

Auf der Ebene der Beobachtung der zweiten Ordnung erscheint die Welt polykontextural: es gibt eine Vielzahl von Unterscheidungen, die die absolut zutreffende Sicht der Welt ausschliessen.

Jede beobachtende Person soll also in Kauf nehmen, dass sie über ihren blinden Fleck der Beobachtung von einem weiteren Beobachter aufgeklärt werden kann und dass ihre Sichtweise keineswegs bei allen denkbaren Unterscheidungen relevant bleibt.

g) Im Rahmen der Theorie der sozialen Systeme kommt dem Begriff der Paradoxie und der entsprechenden Entparadoxierung eine grosse Bedeutung zu.

Eine paradoxe Aussage erhebt den Anspruch vollständig zu sein. Um diesem Anspruch gerecht zu werden, muss sie auch sich selbst einbeziehen und hiermit selbstreferentiell strukturiert sein.

Desweiteren enthält eine paradoxe Aussage ein Gegensatzpaar, um mit Unterscheidungen operieren zu können.

Ein Paradox ist also nicht nur selbstreferentiell, sondern benutzt auch eine Unterscheidung. Die richtige Kombination von diesen zwei Grössen vermag zu der Situation der Unentscheidbarkeit zu führen.

Ein Paradox begleitet ein beobachtendes System, sofern dieses die Vollständigkeit erreichen will und in seine Beobachtung sich selbst mit einbezieht.

Das beobachtende System kann jedoch seine Beobachtertätigkeit nicht fortsetzten, wenn dieses System die seinen Beobachtungsoperationen zugrundeliegende Paradoxe nicht umgeht.

Die Umgehenstechniken werden unter dem Begriff der Entparadoxierung erfasst, die durch die Ausblendung der Paradoxe erfolgt.

Nach Kneer/Nassehi (1993, S. 107) gibt es kein Rezept zu einer oder anderen Form von Entparadoxierung. Vielmehr ist jede Entparadoxierungsmöglichkeit auf kontingente Entscheidungen zurückzuführen, die auch anders hätten ausfallen können.

h) Theorie des Beobachtens verfügt über autologische Implikationen: alles, was diese Theorie über das Beobachten aussagt, trifft auch für die Theorie selbst zu.

Auch die Theorie der sozialen Systeme wird von Luhmann beobachtet, da sie mit Hilfe der Unterscheidung etwas bezeichnet.

Die Unterscheidung wird im Rahmen der Theorie sozialer Systeme zwischen Umwelt und System vorgenommen. Nach dieser Auffassung gehört alles entweder zum System oder zur Umwelt des Systems, niemals aber zugleich zum System und zu seiner Umwelt.

"Für meine Zwecke genügt es, von einer Unterscheidung auszugehen, nämlich von der Unterscheidung von System und Umwelt. Das ist eine sehr wichtige, stark einschränkende Ausgangsstellung. Danach befasst sich die Systemtheorie nicht einfach mit besonderen Objekten. Sie befasst sich mit der Welt, gesehen mit Hilfe spezifischen Differenz, nämlich der von System und Umwelt...

Man kann natürlich von anderen Unterscheidungen ausgehen, etwa von Gut und Böse oder neuerdings der von Mann und Frau. Aber wenn man von anderen Unterscheidungen ausgeht, konzipiert man andere Gegenstände, spricht man über andere Sachverhalte, beobachtet man andere Phänomene. Eine unmittelbare Diskussion wird dann sinnlos, und die Frage kann dann nur sein, welche Konstruktion eine höhere Komplexität erreichbar macht" (Luhmann 1988b, S. 292f., zitiert aus Kneer/Nassehi 1993, S 110).

Im Gegensatz zu Luhmann verwirft Hejl (1986, S. 63ff) die Ausdehnung des Autopoiesis-Begriffes auf die sozialen Systemen. Das soziale System ist nach Hejl eine Gruppe lebender Systeme, die durch Koerleben und Koexistenz einen gemeinsamen Bereich sinnvollen Handelns und Kommunizierens schaffen und auf ihn bezogen interagieren (vgl. Hejl 1986, S. 61). Die lebenden Systeme (z.B. Menschen), aus denen ein soziales System besteht, sind autopoietisch organisiert. Das soziale System ist nach Hejl (1986) hingegen lediglich ein synreferentielles Gebilde, da es selbst nicht autopoietisch ist.

Der weitere Unterschied der sozialen Systeme von anderen Systemtypen stellt "die notwendige Ausbildung parallelisierter Zustände in den interagierenden lebenden Systemen" dar (Hollstein-Brinkmann 1993, S. 50).

Desweiteren differenziert Peter M. Hejl (1992, S. 114) zwischen "Selbstorganisation" und "Selbsterzeugung" (diese Begriffe verwendet der Autor synonym) und "Selbsterhaltung" und "Selbstreferenz" der lebenden Systeme. Im folgenden seien diese näher erläutert. Das spontane Entstehen von Prozessen/Systemen durch Rahmen- oder Anfangsbedingungen als spezifische Zustände oder Folgen von Zuständen bezeichnet Hejl als Selbstorganisation oder Selbsterzeugung.

Ein selbstorganisierendes System muss nicht unbedingt über die Fähigkeit der Selbsterhaltung verfügen, denn seine Komponente im Laufe des Prozesses zerfallen bzw. werden aufgebraucht. Das selbsterhaltende System begegnet diesem Problem nach Auffassung von Hejl als eine aus mehreren selbstorganisierenden Systemen bestehende Kette, deren Bestandteile für das jeweils nachfolgende System Anfangsbedingungen liefern und hiermit das Gesamtsystem auf die zyklische und operational geschlossene Weise erhalten (vgl. Hejl 1992, S. 114).

Die selbsterhaltenden Systeme können auch selbsterzeugend sein und hiermit autopoietisch.

Als wichtiges Attribut der lebenden Systeme wird schliesslich Selbstreferenz angesehen. In der konstruktivistischen Sozialtheorie versteht man unter selbstreferentiellen Systemen "Systeme, die Zustände ihrer Komponenten in operational geschlossener Weise verändern" (Peter M. Hejl 1992, S.115). Hiermit wäre jedes selbsterhaltende System selbstreferentiell. Als Beispiel für ein selbstreferentiell geschlossenes System kann das Nervensystem aufgeführt werden, das keinen unmittelbaren Zugang zur Umwelt hat. Nach Kneer (Kneer/ Nassehi 1993, S. 56) hat dies die Konsequenz, dass Kognitions- und Wahrnehmungsprozesse keine Abbildung der Realität an sich liefern, sondern systeminterne Konstruktionen anfertigen. Damit wäre die These von Hejl zusätzlich bekräftigt, dass " wir unsere Realitäten selber erzeugen und damit letztlich selber für das dadurch bedingte Glück und Leiden verantwortlich sind" (Hejl, 1992, S. 144).

Die Gesellschaft kann in Anlehnung an Hejl als ein Netzwerk sozialer Systeme mit Individuen als "Knoten" verstanden werden.

Die Menschen können also mehreren Systemen angehören und diese Systeme mit konstituieren, obgleich damit nicht ausgesagt wäre, dass das Individuum als Systemelement mit allen Systemen in gleicher Weise und gleich intensiv in Beziehung steht.

Die ein Individuum als seine Komponente verstehenden Systeme stellen an dieses unterschiedliche Ansprüche, denen es nur deswegen gerecht werden kann, dass diese systemrelevanten Regeln ziemlich allgemein gehalten werden und nicht alle Zustände der Systemelemente beschreiben. Dennoch kann ein Individuum, das als ein Element mehrerer Systeme agiert, den unterschiedlichen Realitätsanforderungen dieser Systeme ausgesetzt werden und damit in mindesten einem Fall die nicht integrierbare Verhaltensweise aufzeigen. Da aber ein den systeminternen Vorgängen nicht entsprechendes Verhalten mit Sanktionen verbunden ist, versucht das Individuum diese Situation durch Rückzug, Ausschluss oder bewusste Änderung der Reaktionsweisen zu beheben. Es besteht freilich auch die Möglichkeit, dass ein Element des Systems sich den widersprüchlichen Anforderungen mindestens zweier Systeme entzieht, indem es durch Mitkonstitution das eine oder das andere soziale System zum Aufgeben der irrelevanten Anforderungen und damit zum sozialen Wandel bewegt (vgl. Hejl 1987, S. 331).

Andererseits kann ein soziales System nach Hejl (1987, S. 327) hinsichtlich des Wandels auch als ein konservatives Gebilde aufgefasst werden, da dieses auf die Aufrechterhaltung der eigenen Organisation ausgerichtet ist und damit folgerichtig die in der Vergangenheit sich bewährten Erhaltungsmethoden bevorzugt.

Auch die Informationseingänge werden in einem sozialen System nach den in der Vergangenheit herausgebildeten Wahrnehmungs- und Beurteilungsmöglichkeiten aufgenommen und verarbeitet.

Als Vertreter der konstruktivistischen Sozialtheorie geht Hejl weiterhin davon aus, dass die Konstruktion der Realität als eine durch die parallelisierten Zustände der synreferentiellen Systeme bewirkte soziale Hervorbringung einer gemeinsamen Realität definiert werden kann. Die angemessenen Handlungen werden als solche durch eine Grundübereinkunft in einem sozialen System definiert, deren Einhaltung die Kontrollinstanzen dieses System überwachen.

Eine Handlung kann also als angemessen nur dann gelten, wenn sie in der Realität eines sozialen Systems als solche anerkannt wird, was nicht heissen soll, dass diese Handlung innerhalb eines anderen sozialen Systems die gleiche Gültigkeit besitzen wird.

Der gegenseitige Ausschluss der Grundübereinkünfte der verschiedenen Systeme mit gemeinsamen Komponenten kann jedoch durch den sozialen Wandel in einem von beteiligten Systemen beseitigt werden.

2.5.5 Selbstorganisationstheorie

Hollstein-Brinkmann (1993, S. 54) definiert die Selbstorganisation als "allgemeines Prinzip natürlicher Systeme, das die verschiedenen dynamischen Prozesse biologischer, ökologischer und sozialer Art kennzeichnet". Die selbstorganisierenden Systeme entfalten sich demnach durch eine Folge von Strukturen und erhalten damit ihre Identität.

Die Dynamik der Selbstorganisation zeichnet sowohl die lebenden als auch unbelebten Systeme aus und kann in Anlehnung an Hollstein-Brinkmann (1993, S. 54) als ein Prozess aufgefasst werden, dessen Strukturen die Kraftentfaltung des Universums insgesamt kennzeichnen.

Dieser Prozess ist durch folgende Merkmale charakterisiert:

- Offenheit,
- hohes Ungleichgewicht und
- Eigenverstärkung von Fluktuationen.

Mit Roth (1986, S. 153f) lassen sich die Systeme als selbstorganisierend auffassen, wenn sie "innerhalb eines mehr oder weniger breiten Bereiches von Anfangs- und Rahmenbedingungen einen ganz bestimmten geordneten Zustand oder eine geordnete Zustandsfolge (Grenzzyklus) einnehmen. (...) Das Erreichen des bestimmten Ordnungszustands wird dabei nicht oder nicht wesentlich von aussen aufgezwungen, sondern resultiert aus den spezifischen Eigenschaften der am Prozess beteiligten Komponenten". Selbstorganisation beinhaltet also folgerichtig auch die Phänomene der Selbstherstellung und Selbsterhaltung und umfasst auch das Autopoiesiskonzept.

Desweiteren sind die Selbstorganisationsprozesse durch vier Charakteristika gekennzeichnet, die von Probst (1987, S.76ff) beschrieben wurden:

- Autonomie,
- Komplexität,
- Selbstreferenz und
- Redundanz.

Im folgenden wird auf diese Charakteristika näher eingegangen.

a) Autonomie

Willke (1991, S. 49) definiert ein autonomes System als ein System, "das auf der Grundlage autopoietischer Selbststeuerung spezifische, durch seine Leitdifferenz und seinen Operationsmodus vorgezeichnete Umweltbeziehungen unterhält".

Probst (1987, S. 82) geht davon aus, dass ein System dann autonom ist, wenn die dieses System definierenden Beziehungen und Interaktionen kein anderes System involvieren.

Die Autonomie darf aber nicht so aufgefasst werden, dass ein System völlig unabhängig von seiner Umwelt existiert. Auch die selbstreferentiellen Systeme unterliegen Einflüssen ihrer Umgebung, sind jedoch bei Reaktionen auf die äusseren Reize von ihrer inneren Struktur, ihrer Entwicklungsgeschichte als Erfahrung und ihren Interaktionen abhängig.

Die Autopoiesis wird demnach als ein Unterfall der Autonomie angesehen.

Ein System muss sich im Laufe seiner Entwicklungsgeschichte an verschiedenartige Umweltveränderungen anpassen und die Wandeleinflüsse verarbeiten, gleichzeitig aber bedarf es jedoch der bestimmten Konstanten, die diesem System erlauben, seine Grenzen, Identität und Autonomie zu erhalten. Der Identitätserhaltung dient dabei ein Mechanismus der internen Komplexität (vgl. Hollstein-Brinkmann 1993, S. 56).

Bei überindividuellen Systemen manifestiert sich die interne Komplexität in der Selbstreferenz. Die überindividuellen Systeme (z.B. die Institutionen) können als autonome Systeme beschrieben werden, deren Hauptzweck darin besteht, ihre eigene Identität zu erhalten (vgl. Lüssi 1992, S. 69ff).

b) Komplexität

Nach Willke (1991, S. 16) bezeichnet die Komplexität den Grad "der Vielschichtigkeit, Vernetzung und Folgelastigkeit eines Entscheidungsfeldes".

Hollstein-Brinkmann (1993, S. 56) definiert in Anlehnung an Ulrich/ Probst die Komplexität als die Fähigkeit eines Systems, in einer gegebenen Zeitspanne eine grosse Zahl von verschiedenen Zuständen anzunehmen.

Aufgrund der Komplexität vermag ein System, eine Vielzahl von Verhaltensmöglichkeiten zu entwickeln, die im voraus nicht analytisch bestimmt werden können.

Im Luhmanns Werk "Soziale Systeme" (1988) wird die Komplexität auf zweifache Weise definiert:

(1)"Als komplex wollen wir eine zusammenhängende Menge von Elementen bezeichnen, wenn auf Grund immanenter Beschränkungen der Verknüpfungskapazität der Elemente nicht mehr jedes Element jederzeit mit jedem anderen verknüpft sein kann" (Luhmann 1988a, S. 46). Die hier beschriebene Binnenkomplexität eines Systems ist ab bestimmter Entwicklungsstufe notwendig und impliziert einen ständigen Selektionszwang: "Komplexität in dem angegebenen Sinne heisst Selektionszwang, Selektionszwang heisst Kontingenz, und Kontingenz heisst Risiko" (Luhmann 1988a, S. 47).

(2) "Komplexität in zweitem Sinne ist dann ein Mass für Unbestimmbarkeit oder für Mangel an Information. Komplexität ist, so gesehen, die Information, die dem System fehlt, um seine Umwelt (Umweltkomplexität) bzw. sich selbst (Systemkomplexität) vollständig erfassen und beschreiben zu können" (Luhmann 1988a, S. 50f).

Im Hinblick auf die einzelnen Elemente eines Systems ist nur dieses Verständnis von der Komplexität relevant, die folgerichtig als eine unbekannte Grösse oder ein Unsicherheitsfaktor aufgefasst werden kann.

c) Selbstreferenz

Nach Simon/Stierlin (1984, S. 314) impliziert Selbstreferenz alle Prozesse, die auf sich selbst zurückwirken und an sich selbst anschliessen: jedes Verhalten von A wirkt über Reaktion von B wieder auf A zurück und wird zum Ausgangspunkt für weiteres Verhalten. Das System ist dabei operational geschlossen und kann von aussen nicht gesteuert werden, obgleich die begrenzte Einflussnahme und der Austausch der Materie, Energie und Information möglich sind (vgl. Heiner 1994b, S. 125).

d) Redundanz

Hollstein-Brinkmann (1993, S. 58) definiert die Redundanz in Anlehnung an Simon/Stierlin als "die Gesamtheit der Bestandteile von Nachrichten, die den Informationsgehalt der gesamten Nachricht nicht verändern". Mehrere Elemente eines Systems können dieselben Operationen ausführen und damit einander mehrfach absichern, so dass die für die Komplexitätsbewältigung, Flexibilität und Innovation notwendige Varietät geschaffen wird (vgl. Probst 1987, S. 81).

Die Elemente der humanen sozialen Systeme verfügen aufgrund der Redundanz über ein grösseres Potential als notwendig und ermöglichen dadurch den Systemen, ihr Verhaltnesrepertoire nicht nur bewusst zu selektieren, sondern auch dieses zu vergrössern. Ausserdem können die humanen sozialen Systeme als ein aktiver Systemtyp aus Erfahrung lernen und die Ziele ausgehend aus ihrer Zweckbestimmung aufzustellen.

Mit Hollstein-Brinkmann (1993, S. 59) und Probst (1987, S. 70ff) lassen sich die Besonderheiten humaner sozialer Systeme wie folgt zusammenfassen:

a) Soziale Systeme sind zweckbestimmte Systeme, die Teile eines gesellschaftlichen Systems sind und ohne Zweckbestimmung undenkbar wären (anders die lebenden Systeme).

b) Humane soziale Systeme sind nicht nur durch die materiellen Dimensionen determiniert, sondern auch durch geistig-sinnhafte Ebene. "Sie können (wie psychische Systeme) als Sinnsysteme aufgefasst werden, die durch sinnhaft aufeinander bezogene Handlungen, durch Kognitionen, Werte und Normen zusammengehalten werden" (Hollstein-Brinkmann 1993, S. 60).

c) Die humanen sozialen Systeme verfügen über die Wahlmöglichkeiten. Ihnen steht es frei, aus Erfahrung zu lernen, neue Verhaltensmuster an den Tag zu legen und Ziele festzulegen, um sich entweder an die Umwelt anzupassen oder um diese neu zu ordnen, zu schaffen und zu gestalten. Bei der Auseinandersetzung mit Objekten sind die humanen sozialen Systeme, nicht darauf angewiesen, dass die Objekte vorhanden sein müssen. Die Konstruktionen der zukünftigen Wirklichkeiten können auf der geistigen Ebene vollzogen werden.

Auch unsere Vorstellungen, Theorien und Ideen sind nichts anderes als Konstrukte der Wirklichkeiten auf der geistigen Ebene. Die Überlegungen zur Standortbestimmung der Sozialen Arbeit bilden dabei keine Ausnahme. Dies soll jedoch nicht heissen, dass diese Überlegungen ohne praktischen Wert sind. Vielmehr braucht gerade die Soziale Arbeit sie zur wissenschaftlichen Etablierung und Professionalisierung.

Welche Schwierigkeiten und Probleme dabei entstehen können und welche Vorschläge in der gegenwärtigen Diskussion vorzufinden sind, wird die Darstellung des folgenden Abschnittes aufzeigen.

3. Soziale Arbeit - auf der Suche nach einer wissenschaftlichen Grundlage ?

„Unsere Theorien sind unsere Erfindungen. Sie sind nie mehr als kühne Vermutungen, Hypothesen; von uns gemachte Netze, mit denen wir die wirkliche Welt einzufangen versuchen".

KARL R. POPPER

Schon seit den 20er Jahren unseres Jahrhunderts wird jene wissenschaftliche Grundlage der Sozialarbeit gefordert, die die berufliche Identität, Professionalität und den Status der Sozialen Arbeit bestimmen kann und auch die Praxis mit dem notwendigen Reflexionswissen ausstatten soll. Darüber hinaus soll eine Sozialarbeitswissenschaft wissenschaftliche Forschung betreiben, um die sozialarbeiterischen Erkenntnisse zu gewinnen, und sich als ein Basisfach im Rahmen des Sozialwesenstudiums etablieren.

Im folgenden werde ich versuchen, die Momentaufnahmen des gegenwärtigen Standpunktes der Sozialarbeitswissenschaft zu betrachten und im Hinblick auf die bisherige Entwicklung zu analysieren.

Dies geschieht erstens durch das Betrachten der Fürsorgewissenschaft in der historischen Perspektive und zweitens durch Auseinandersetzung mit den Problemen und Besonderheiten der Sozialen Arbeit, die sich sowohl aus dem komplexen Handlungsfeld der Sozialen Arbeit ergeben als auch durch die handfesten Rahmenbedingungen impliziert sind. Desweiteren wende ich mich Werten und Normen und deren Festlegung zu, um weiterhin die Soziale Arbeit als ein gesellschaftliches Phänomen zu beschreiben.

Drittens gilt es auch die Standortbestimmung Sozialer Arbeit und viertens das methodische Wissen deren zu reflektieren.

3.1 Fürsorgewissenschaft - eine Tradition der Sozialarbeitswissenschaft ?

Hugo Maier (1995, S. 8) gebraucht den Terminus "Fürsorgewissenschaft", um unter diesem die Vorläufer der gegenwärtigen Sozialarbeitswissenschaft zu erfassen.

Zwei Zielsetzungen waren für die Entwicklung von der Fürsorgewissenschaft massgebend: erstens, die umfangreiche und vielfältige Praxis zu systematisieren und zweitens, eine Theorie zu entwickeln, die die Fürsorgearbeit als ein Vorgang auf der Subsystemebene der Gesellschaft auffassen sollte.

Damit wurde auch die Forderung laut, dass die sozialen Problemen und ihre Lösungsmöglichkeiten nicht nur in praktischer Hinsicht, sondern auch wissenschaftlich zu analysieren sind.

Solche SozialarbeiterInnen wie Jane Addams, Octaria Hill, Henrietta Barnett und Mary Richmond forderten für die sozialen Probleme ihrer Zeit die überprüfbare, unverzerrte und wissenschaftliche Ermittlung, Analyse und Diagnostizierung der individuellen und gesellschaftlichen Disfunktionalitäten und traten für die wissenschaftliche Reflexion des Massenelends ein (vgl. Engelke 1992, S. 79).

Christian Jasper Klumker (1968-1942) und Hans Scherpner (1898-1954), die an der Universität Frankfurt am Main die Lehrstühle für Fürsorgewesen (Klumker von 1914 bis 1934, Scherpner seit 1948) innehatten, waren ebenfalls an einer wissenschaftlichen Reflexion der Praxis interessiert und versuchten vom breiten Spektrum der praktischen Fragen und Hypothesen ausgehend die Theorien der Fürsorge zu entwickeln. Klumker unterstrich immer wieder die Bedeutung des wissenschaftlichen Vorgehens, wobei die Maxime war, dass "das wissenschaftliche Erkennen (von sozialen Problemen) und das praktische Handeln (in der öffentlichen und freien Fürsorgearbeit) sich gegenseitig durchdringen sollten" (Maier 1995, S. 8).

Es sei jedoch an dieser Stelle darauf hingewiesen, dass Klumker das für das Durchsetzen seiner Ansprüche relevante und exklusive Methodeninstrumentarium nicht entwickeln konnte und damit in sein

Methodenpotential sowohl die empirisch-statistische als auch geisteswissenschaftliche Ansätze mit einfliessen liess (vgl. Maier 1995, S. 9).

Klumker erkannte dem einzelnen nicht nur das existenznotwendige Recht auf Nahrung und Bekleidung an, sondern hob auch die Bedeutung der Erziehung hervor.

Mit der Erziehung war also jene Kategorie angesprochen, die zwar an sich noch kein soziales Problem begründet, aber des öfteren die ursächliche Relevanz für einen Problemfall besitzt. Nicht zuletzt deswegen hat auch Peter Lüssi (1992, S. 82) die Erziehung als ein wichtiges Bedürfnisobjekt eines Individuums aufgefasst und diese nebst den anderen Bedürfnisobjekten als ein mögliches soziales Problem involvierendes Merkmal eingestuft.

Die weitere Innovation seiner Zeit stellte Klumkers Vorstellung dar, dass eine Theorie der Fürsorge sich den Einflüssen der Volkswirtschaftslehre und der konfessionellen Arbeiten (von G. Ratzinger, W. Liese und G. Uhlhorn) entziehen und darüber hinaus ihre eigene, ihrem Gegenstand besser angepasste Terminologie entwickeln soll.

In der fehlenden fürsorgewissenschaftlichen Begriffsausstattung sah Klumker auch ein Indiz dafür an, dass die Fürsorgewissenschaft damals lediglich ein Gedankenkonstrukt war und dass es folgerichtig noch jahrzehntelanger Arbeit bedürfen wird, bevor man von einer eigenständigen, wissenschaftlich ausreichend begründeten Theorie der Fürsorge sprechen darf (Maier 1995, S. 9).

Hans Scherpner konzipiert - ähnlich Max Weber in Soziologie - den wirklichkeitswissenschaftlichen Ansatz der Fürsorge, dessen grundlegende Aussage ist, dass "eine Fürsorgetheorie, die Erkenntnis der Wirklichkeit, Wirklichkeitswissenschaft sein will, daher auch diese Erscheinungen aus ihren letzten - metaphysischen - Voraussetzungen zu verstehen suchen, sie in ihre systemische Erkenntnis einordnen muss" (Scherpner 1974, S. 20).

Da die Fürsorge als "Kunst der Menschenbehandlung" (vgl. Maier 1995, S. 9) definiert werden kann, sei in Anlehnung an Scherpner (1974, S. 21f) gesagt, dass die Fürsorgetheorie niemals ein konstantes feststehendes, vollständig beschreibares System entwerfen kann, was durch das Wesen des Sozialen, durch seine Unvollständigkeit, nicht volle Erfassbarkeit und seine Mannigfaltigkeit begründet ist.

Der dritte Vertreter der Fürsorgewissenschaft - Hans Achinger (1899-1981)[3] vertrat die Auffassung, dass eine Fürsorgewissenschaft zwei Aspekte aufzuweisen hat:

a) Die definitorische Funktion zielt darauf ab, dass diejenigen Merkmale aufzufinden sind, die den Erscheinungen der Fürsorge gemeinsam sind und zugleich alle andere Erscheinungen ausschliessen.

b) Die motivierende Funktion zielt darauf ab, den allen Erscheinungen der Fürsorge zugrunde liegenden Antrieb mit gemeinsamer Zielsetzung aufzuzeigen. Dies erlaubt wiederum, die Gesetzmässigkeiten der Erscheinungen festzuhalten (vgl. Maier 1995, S. 9).

Zusammenfassend lässt sich formulieren, dass sowohl Klumker als auch Scherpner und Achinger bemüht waren, eine unverkennbare, echte Grundlage der Fürsorgewissenschaft theoretisch zu entwickeln, wobei sie den Hilfebegriff in den Vordergrund stellten z.B. Hilfe als unmittelbarste Wirkung des Gemeinschaftsgefühls bei Klumker, Hilfe als eine Urkategorie des menschlichen Handelns bei Scherpner.

Nach der Meinung von Maier (1995, S. 10; vgl. auch 1993) stellen die oben dargestellten Theorien zur Fürsorge einen wichtigen Teil der allgemeinen Sozialarbeitswissenschaft dar. Der Auffassung von Maier kann insoweit zugestimmt werden, dass in der gegenwärtigen Diskussion um die Sozialarbeitswissenschaft der Begriff der Hilfe immer wieder für die Standortbestimmung der Sozialen Arbeit genutzt wird.

So definiert Bernhard Haupert (1995, S. 39) in Anlehnung an Jan Tillmann den Ausgangspunkt der Gegenstandsbestimmung Sozialer Arbeit als eine Annahme, dass der Mensch als ein "prinzipiell von Überforderung bedrohtes Wesen" (Haupert 1995, S. 39) aufgefasst werden kann, der Hilfe der Sozialen Arbeit bei der Lebensbewältigung bedarf.

---

[3] Maier (1995, S. 8) bezeichnet Achinger nicht als Hauptvertreter der Theorie der Fürsorge, sondern stuft diesen als „Vertreter im erweiterten Sinne“ ein.

Albert Mühlum (1995, S. 32) versteht unter Gegenstandsbestimmung das eigene Erkenntnisobjekt, das in der Sozialarbeitswissenschaft als Lebensbewältigung unter erschwerten individuellen oder sozialen Bedingungen definiert werden kann.

Diese erschwerte Lebensführung kann nicht immer mit den Ressourcen des Individuums von ihm allein bewältigt werden; es bedarf also der professionellen Hilfe einer SozialarbeiterIn.

Auch Rainer Wendt (1995, S. 7) definiert das zentrale Thema der Sozialarbeitswissenschaft als "die systemische Untersuchung der Lebensführung in problematischen Lagen und Situationen von Menschen" (Wendt 1995, S. 7).

Die obengenannte Darstellung macht m. E. ganz plausibel, dass von Anfängen der Fürsorgewissenschaft bis zu heutiger Zeit eine logisch-konsequente und in Entwicklungshinsicht progressierende Tendenz zu beobachten ist, die alles andere als Orientierungslosigkeit der Sozialarbeitswissenschaft aufzeigt.

Die obigen Zeilen sollen jedoch nicht den Inhalt der nachfolgenden Kapitel (insbesondere über gegenwärtige Gegenstandsbestimmung Sozialer Arbeit) vorwegnehmen, sondern lediglich dazu verhelfen, mit der optimistischen Einstellung an die zweifelsfrei nicht unproblematische Auseinandersetzung mit den wissenschaftlichen Grundlagen der Sozialen Arbeit heranzugehen.

3.2 Kontroversen im Vorfeld

Es ist im obigen Kapitel festgehalten worden, dass schon seit 100 Jahren eine eigenständige wissenschaftliche Grundlage der Sozialen Arbeit gefordert wird und dass es die Sozialarbeitswissenschaft immer noch nicht gibt (vgl. Mühlum 1995, S. 8).

Hier wäre in Anlehnung an Engelke (1992, S. 86) zu fragen, was der Konzipierung der Sozialen Arbeit als Wissenschaft im Wege steht.

Indem die Soziale Arbeit auf die Problemlösung hin wirkt, verändert sie die soziale Wirklichkeit. Diese Ziele von Veränderungen sind durch anzustrebende und verwirklichende Werte und Normen determiniert. Insbesondere der Bereich des Sozialen ist dadurch gekennzeichnet, dass die Werte und Normen recht unterschiedlich, gar widersprüchlich aufgefasst werden und folgerichtig kontroverse Zielsetzungen für die Sozialarbeitswissenschaft bestimmen können.

Berücksichtigt man den Selbsterhaltungstrieb der sozialen Systeme (hierzu gehört auch die Gesellschaft), wird evident, dass die Werte und Normen den Zweck haben, das vorhandene soziale Gebilde zu erhalten und dieses an die verändernden Gegebenheiten anzupassen.

Auch die Soziale Arbeit dient nach Lüssi (192, S. 127) dazu, die Gesellschaft zu erhalten und zu verbessern, wobei sie natürlich nicht die gesellschaftlichen Ungerechtigkeiten zu zementieren hat, sondern nahezu verpflichtet ist, diese zu bekämpfen, denn nur dadurch kann wirkungsvolle und beständige Selbsterhaltung der Gesellschaft erreicht werden.

Damit ist jedoch die Funktion der Sozialen Arbeit nicht abschliessend geklärt, denn es ist nicht reflektiert worden, wer die Werte und Ziele der Sozialen Arbeit vorgibt und Einfluss auf deren Zielbestimmung nimmt.

In nachfolgenden Kapiteln wird diese notwendige Vorab-Reflexion erfolgen.

3.2.1 Probleme des Gegenstandes der Sozialen Arbeit

Engelke (1992, S. 86) gebraucht für die Bezeichnung der sich aus dem komplexen Handlungsfeld Sozialer Arbeit ergebenden Probleme den Begriff der "Stolpersteine". Dieser Terminus technicus ist insofern sehr zutreffend, dass sich diese Probleme aus dem Gegenstand der Sozialen Arbeit - nämlich die soziale Problemlösung - ergeben und nicht künstlich errichtet sind.

Viele von diesen Steinen können nicht aus dem Weg geräumt werden, können jedoch erkannt werden, so dass unnötiges Stolpern im Laufe des Problemlösungsprozesses zu vermeiden wäre.

Der erste Stolperstein ergibt sich aus der Tatsache, dass die Soziale Arbeit sich mit sozialen Problemen beschäftigt, also mit jenen Sachverhalten, die durch solche Merkmale wie Schwierigkeit, Komplexität, Paranormalität, Arbiträrität, Banalität gekennzeichnet sind, so dass die Zuordnung der sozialen Probleme zu einer Disziplin oder zu einem Wissenschaftszweig unmöglich erscheint (vgl. Engelke 1992, S. 87; Lüssi 1992, S. 135f).

Wendt (1995, S. 6) differenziert in diesem Zusammenhang alle sozialarbeiterischen Problemkonstellationen in mehrere Dimensionen:

a) Dimension des Haushaltes der Anforderungen, der Bedürfnisse im Alltag und interner Abstimmung, Balancierung und Pflege individueller und gemeinsamer Lebensmöglichkeiten. Dabei werden die Erkenntnisse der Psychologie und Soziologie als Erklärungsansätze herangezogen.

b) Dimension der Zugehörigkeit der Menschen zu einem Gemeinwesen. Dabei spielen juristische, politikwissenschaftliche und makrosoziologische Definitionen und Theoreme eine Rolle (Politik-, Rechts- und Verwaltungswissenschaften).

c) Dimension der Kultur. Dabei sind als zuliefernde Fächer Ethik, Philosophie und die Erziehungswissenschaften mit sozialpädagogischen Konzepten zu nennen.

Soziale Arbeit hat alle diese obigen Dimensionen zu erkennen und im Problemlösungsprozess zu berücksichtigen.

Die Zweiteilung des Handlungsfeldes Sozialer Arbeit in Soziapädagogik und Sozialarbeit vermag diesem Auftrag nur oberflächlich gerecht zu werden, zumal die Sozialpädagogik die sozialen Problemen aus einseitiger Perspektive betrachtet und die im Wesen des sozialen Sachverhaltens begründete Interdisziplinarität des Handelns vernachlässigt (vgl. Wendt 1995, S. 6)

Der zweite Stolperstein ergibt sich nach Engelke (1992, S. 87) aus den historischen Anfängen der Sozialen Arbeit, denn die verschiedenen Berufe wie ArmenpflegerIn, FürsorgerIn, KindergärtnerIn, VerwalterIn, VolkspflegerIn, SozialarbeiterIn, SozialpädagogIn machen sichtbar, dass es der Sozialen Arbeit an einem einheitlichen Selbstbewusstsein fehlt, was wiederum die Herausbildung einer homogenen Wissenschaft erschwert.

Bedenkt man die obigen Ausführungen, so wird verständlich, dass "die Identität Sozialer Arbeit bis zum heutigen Tag ihre Nichtidentität zu sein scheint" (Thole 1995, S. 35).

Der dritte Stolperstein kann die ungleichmässige Entwicklung und Bedeutung einzelner Aufgabenfelder der Sozialen Arbeit darstellen. Während solche typischen Aufgabenfelder der Sozialpädagogik wie Heimerziehung und Jugendhilfe über beträchtliche wissenschaftliche Grundlagen verfügen (was sicherlich damit zusammenhängt, dass die pädagogischen Aufgabenfelder besser an den Hochschulen vertreten sind), sind die typischen sozialarbeiterischen Aufgabenfelder (z.B. Bewährungshilfe, psychosoziale Beratung) weniger wissenschaftlich aufbereitet worden.

Verschiedenen Aufgabenfeldern Sozialer Arbeit wird auch unterschiedliche Bedeutung zugemessen. So ist z.B. das Handlungsfeld der Familienhilfe sehr bedeutungsvoll, da auf diesem Gebiete viele Sozialarbeiter tätig sind.

Darüber hinaus gilt es zu berücksichtigen, dass in einzelnen Aufgabenfeldern verschiedene benachbarte Disziplinen auf die Art und Weise der Arbeit einen stärkeren Einfluss nehmen (beispielsweise soziologische Ansätze in der systemischen Familientherapie oder Recht in der Jugendgerichtshilfe) (vgl. Engelke 1992, S. 87).

Als weiteres Hindernis auf dem Wege der Etablierung der Sozialarbeitswissenschaft kann etwas gesehen werden, was Lüssi (1992, S. 137) mit dem Begriff der Banalität beschreibt: "Diese sozialen Sachverhalte, mit denen es der Sozialarbeiter zu tun hat, sind in ihrer Grundstruktur etwas Banales: Gewöhnliches, Alltägliches, das jedermann kennt, weil oben jeder Mensch ein soziales Wesen ist". Folgerichtig wird die soziale Problemlösung nicht nur von SozialarbeiterInnen und SozialpädagogInnen beansprucht. Vielmehr bemühen sich die TherapeutInnen, ÄrztInnen, PfarrerInnen, RichterInnen, RechtsanwältInnen, PädagogInnen, PolitikerInnen usw. um die soziale Problemlösung. Freilich ist die soziale Problemlösung nicht die Hauptaufgabe der VertreterInnen dieser Berufe, denn mit Lüssi (1992, S. 119) lässt sich formulieren, dass "allein die Sozialarbeit "soziale Problemlösung" betreibt".

Will man jedoch die Sozialarbeitswissenschaft trotz der Hindernisse aufbauen und etablieren, ist es m. E. wichtig Status quo der Gegenwart festzustellen und in Anlehnung an Engelke (1992, S. 88) hervorzuheben, dass in der Wirklichkeit soziale Probleme kein Monopol für SozialarbeiterInnen und SozialpädagogInnen sind und dass die Grenzziehungen zwischen Alltags- Berufs- und wissenschaftlichem Wissen schwer vorzunehmen sind. Die Aussage von Lüssi kann jedoch nicht als falsch aufgefasst werden, denn diese könnte als Ziel, als Gegenstandsbestimmung der Sozialarbeitswissenschaft gelten, während die Postulate von Engelke die Realität der (noch) nicht klar ausformulierten Wissenschaft Sozialer Arbeit beschreiben.

Desweiteren hat sich die Sozialarbeitswissenschaft auf dem Gebiete durchzusetzen, das von Werten und Normen, Besitz und Macht beeinflusst wird. Auch in einer Wissenschaftstheorie der Sozialen Arbeit sollen diese keinesfalls homogene Aspekte berücksichtigt werden, was aber die Auseinandersetzung mit den Mächtigen dieser Welt zur Folge haben kann (vgl. Engelke 1992, S. 88).

Nach meiner Meinung sollen die SozialarbeiterInnen sich dieser Auseinandersetzung nicht scheuen und mit aller Kraft versuchen, auch auf der sozialpolitischen Ebene als Sozialexperten Einfluss auf Machtstrukturen zu nehmen. Damit wird der marxistischen Sichtweise Absage erteilt, dass die SozialarbeiterIn lediglich eine "ZuarbeiterIn" der gesellschaftlichen Mächtigen ist und gesellschaftliche Ungerechtigkeiten zementiert (vgl. Hollstein 1973, S. 417; vgl. Lüssi 1992, S. 128f).

Als nächster Punkt ist zu unterstreichen, dass die Soziale Arbeit oft erst dann ansetzt, wenn die vorrangigen Bildungs-, Gesundheits-, Sozialisationseinrichtungen versagt haben und nicht mehr bereit oder fähig sind, bestimmte Personen in ihre Institutionen einzugliedern. Den Klienten der Sozialen Arbeit wird Geringachtung entgegengebracht, da sie angeblich "nicht beschulbar", "nicht rehabilitierbar", "nicht motivierbar" usw. sind.

Diese Einschätzung der Klienten der SozialarbeiterInnen in der Gesellschaft entspricht oft der Bewertung des Status der Sozialarbeitswissenschaft, so dass sich daraus auch ein "Stolperstein" auf dem Wege der Etablierung der Sozialarbeitswissenschaft ergibt (vgl. Heiner 1994b, S. 128; vgl. Engelke 1992, S. 88).

Im Gegensatz zu Stolpersteinen, die sich aus dem komplexen Handlungsfeld Sozialer Arbeit ergeben, sind die Sperrzäune (zum Begriff vgl. Engelke 1992, S. 88) auf die handfesten Rahmenbedingungen Sozialer Arbeit zurückzuführen.

Diese Sperrzäune werden von Menschen errichtet und von diesen gewissenhaft überwacht.

Da die Soziale Arbeit in der Bundesrepublik Deutschland fast ausschliesslich in Trägerschaft gesellschaftlicher Institutionen (Staat, Kommunen, Spitzenverbände der freien Wohlfahrtspflege) geleistet wird, haben die SozialarbeiterInnen die Dienstherren oder ArbeitgeberInnen, die zusammen mit der Weltanschauung eines Trägers einer Einrichtung, gesetzlichen Vorgaben, Verwaltungsvorschriften und -regelungen, verfügbaren institutionellen Ressourcen, Erwartungen von KollegInnen und Klientinnen und aussenstehenden einflussreichen Personen das institutionelle Setting bilden und nach Auffassung von Hiltrud von Spiegel (1994, S. 222) die Arbeitsaufträge konstruieren.

Diese keinesfalls homogenen Arbeitsaufträge stecken die Grenzen der sozialarbeiterischen Praxis ab und beeinflussen damit mittelbar die Entwicklung der Sozialarbeitswissenschaft.

Engelke (1992, S. 89) leitet daraus die Einschränkungen einer Grundlagenforschung in der Sozialen Arbeit ab, denn die festgefahrenen Arbeitsaufträge bewegen die SozialarbeiterInnen dazu, die vorgeschriebenen Wege weiterhin einzuhalten und von den für die Praxis und Wissenschaft durchaus wichtigen Experimenten abzusehen.

Desweiteren hebt Engelke (1992, S. 90) das Verhältnis zwischen Sozialer Arbeit und Sozialpolitik hervor. Nach seiner Auffassung kann eine Sozialarbeitswissenschaft an diesem ambivalenten Verhältnis zweier Disziplinen nicht vorbeigehen, denn Soziale Arbeit hängt oft von sozialpolitischen Strukturen ab und hat mit den Problemen zu tun, die unter anderem durch politische Zwänge zustande kamen.

Hier soll jedoch nicht die Meinung suggeriert werden, dass die Soziale Arbeit diese sozialpolitischen Strukturen einfach hinzunehmen und sich an diese anzupassen hat. Vielmehr sollen die SozialarbeiterInnen auf dem Gebiete der Sozialpolitik für sich den Expertenstatus beanspruchen und bei der sozialpolitischen Gestaltung der Gesellschaft mitwirken (vgl. Lüssi 1992, S. 129f).

Desweiteren soll den SozialarbeiterInnen bewusst sein, dass auch innerhalb des Studiums ein "kolonialisierender Zugriff (Müller/Gehrmann 1994) der anderen Wissenschaften (Psychologie, Recht, Pädagogik, Soziologie) nicht zu übersehen wäre und dass diese anderen Disziplinen die Theoriebildung für die soziale Arbeit aus eigener Perspektive betreibe. Mit Mühlum (1995, S. 34) sei gesagt, dass gegenwärtig in der Sozialen Arbeit ein beträchtlicher Fundus an Wissen und "Praxistheorien" angesammelt ist, den es allerdings unter dem gemeinsamen Dach der Sozialarbeitswissenschaft noch zu integrieren gilt. Diese Praxistheorien bilden jedoch zusammen mit methodischem Wissen eine "Kunstlehre", die für die Ausbildung der Sozialarbeit angewandt werden kann.

Diese "Kunstlehre" darf mit der "Praxistheorie" (Begriff der Studienreformkommision "Pädagogik/Sozialpädagogik/Sozialarbeit") nicht verwechselt werden, denn mit diesem Terminus wird zum Ausdruck gebracht, dass das Berufsfeld zu einem Gegenstand der Praxistheorie geworden ist. Engelke (1992, S. 91) sagt aber, dass "ein Berufsfeld üblicherweise kein Gegenstand einer Wissenschaftsdisziplin ist". Der Etablierung der Sozialarbeitswissenschaft kann daher mit "Praxistheorie" wenig geholfen werden.

3.2.2 Wert- und Normorientierung in der Sozialen Arbeit

Die soziale Problemlösung als Hauptaufgabe Sozialer Arbeit ist auf soziale Werte hin orientiert, die für die sozialarbeiterischen Funktionen richtungsweisend sind.

Lüssi (1992, S. 123) definiert die sozialen Werte als "jene kulturell-gesellschaftlichen Zielvorstellungen, die sich auf das Verhältnis der Gesellschaftsangehörigen untereinander beziehen. Es handelt sich um allgemeingültige Leitbilder idealer Art, die etwas für die Gesellschaft Gutes und Erwünschtes darstellen".

Diese allgemeingültigen Leitbilder idealer Art braucht die Soziale Arbeit, um überhaupt eine Notsituation und damit eine Problemlage zu erkennen, in welcher Menschen professioneller Hilfe bedürfen.

Denn die sozialen Werte beeinflussen die Sollnormen in einer Gesellschaft. Die SozialarbeiterIn beurteilt aufgrund ihrer Kenntnis der Wirklichkeit, was von diesen Sollnormen gesamtgesellschaftlich realisiert werden kann und wo das tatsächlich nicht geschieht, erkennt sie einen Notzustand und damit die Notwendigkeit ihrer Hilfe an (vgl. Lüssi 1992, S. 85).

Daraus ergibt sich, dass auch eine Sozialarbeitswissenschaft an den sozialen Werten nicht vorbei gehen kann, da ihr Gegenstand - soziale Probleme und ihre Lösungsmöglichkeiten - selbst von sozialen Werten und Normen durchdrungen ist (vgl. Engelke 1992, S. 94).

Zu dem Verhältnis zwischen Werten, Normen und Sozialer Arbeit ist in Anlehnung an Lüssi (1992, S. 123f) zu sagen, dass solche Grundwerte wie Freiheit, Gleichheit und Demokratie grosse Beständigkeit aufweisen. Die Vorstellung aber, wie diese Grundwerte realisiert und umgesetzt werden sollen, ist dagegen im Wandel.

Die Soziale Arbeit bringt mit ihren Institutionen, ihrem Wirken und ihrem Prestige die gesellschaftliche Werthaltung zum Ausdruck.

Aber auch das Vorhandensein der gewissen Normen macht evident, wie in dieser konkreten Gesellschaft die detaillierten gesellschaftlichen Zielvorstellungen zur Realisierung der Grundwerte aussehen.

Die Normen können als Verhaltensforderungen für wiederkehrende Situation verstanden werden (vgl. Lamnek 1993, S. 17). Hierbei stellt sich die Frage, wer diese Verhaltensforderungen aufstellt.

Nach meiner Auffassung ist das ein Beobachter, der in Kooperation mit den anderen die Korrelationen eines Systems mit seiner Umwelt beschreibt und für das zu untersuchende Phänomen gewisse Regeln/ Normen aufstellt, und zugleich selbst als beobachtbares Objekt gewissen Regeln/Normen unterliegt (vgl. Maturana/Varela 1987, S. 148ff).

Der Normsetzer, als Beobachter, ist in gewissem Grade davon überzeugt, dass die von ihm als Verhaltensforderung aufgesetzten Normen sinnvoll und notwendig seien, um die Grundwerte zu realisieren. Die Intensität dieser Überzeugung wird als Geltungsgrad von Normen definiert.

Der Wirkungskreis von Normen beschreibt die Notwendigkeit dieser Normen aus der Sicht der Normadressaten (vgl. Lamnek 1993, S. 18-19). Er kann durch die Methode der Belohnung und der negativen Sanktionen erhöht werden.

Jedoch wird nicht jede Abweichung sanktioniert, denn eine solche Vorgehensweise wird den Normsetzer, der ja teilweise für die Normüberwachung zuständig ist, überlasten und im Endeffekt den Wirkungskreis der Normen in Frage stellen.

Es bedarf also eines Toleranzbereiches, in dessen Rahmen die Normabweichung zwar unerwünscht ist, aber geduldet wird. Erhöht man die Toleranzgrenze, so geht die Zahl der Normabweichungen zurück und die Sanktionierungen können leichter durchgeführt werden. Wird der Toleranzbereich kleiner, so ist mit der Zunahme der Normabweicher zu rechnen, was wiederum mehr Sanktionsaktivitäten hervorruft (vgl. Lamnek 1993, S. 24-27).

Bei der Überschreitung des Toleranzbereiches wird die Soziale Arbeit oft als ein Instrument der sozialen Kontrolle eingesetzt.

Die soziale Arbeit, will sie präventiv und vorbeugend handeln, soll m. E. schon innerhalb des Toleranzbereiches der Normen einsetzen, in welcher die Normabweichungen zwar schon unerwünscht sind, aber das Ausmass des Gesellschaftlich-Unerlaubten noch nicht erreicht haben.

Auch diese Phänomene darf die Sozialarbeitswissenschaft nicht unberücksichtigt lassen, zumal die soziale Kontrolle auch als Teil der protektiven Funktion der Sozialarbeit gesehen werden kann (vgl. Lüssi 1992, S. 122).

3.2.3 Gesellschaftliche Funktionen der sozialen Arbeit

Mit Lüssi (1992, S. 127) lässt sich festhalten, dass "die allgemeine gesellschaftliche Funktion der Sozialarbeit darin besteht, unter der Leitidee der "sozialen Gerechtigkeit" an der Erhaltung und Verbesserung der Gesellschaft mitzuwirken".

Die Selbsterhaltung der Gesellschaft, an der die Soziale Arbeit als Praxis (und auch als Wissenschaft) mitzuwirken hat, stellt einen primären Zweck jedes sozialen Systems dar.

Wie kann sich aber eine moderne Gesellschaft angesichts vieler Minderheiten, Meinungsverschiedenheiten und Differenzen erhalten? Engelke (1992, S. 101f) führt dazu das Anpassen als Aufgabe Sozialer Arbeit auf.

Nach seiner Auffassung befindet sich die Soziale Arbeit zusammen mit dem Staat und KlientInnen im umfassenderen Globe der Gesellschaft. Dabei können sich mehrere Anpassungsansätze ergeben, die im folgenden erläutert werden:

a) Der Staat passt an.

Die Randgruppen, Minderheiten und Schwächeren (potentielle oder wirkliche KlientInnen der Sozialen Arbeit) werden von der Mehrheit und ihren Normen angepasst. Die Soziale Arbeit erfüllt dabei die Rolle eines Anpassungsfunktionärs des Staates.

Bei diesem Ansatz wird zwar die Gesellschaft erhalten, aber nicht unter Leitidee der sozialen Gerechtigkeit, denn humanistische Denkweise lehrt, dass jeder Mensch in beliebiger Lebenslage einen Anspruch darauf hat, seine Zielvorstellungen, Ideen und Existenzformen in das gesamtgesellschaftliche Zusammenleben einzubringen und in übereinstimmendem Ko-Erleben seine Wirklichkeit zu gestalten.

b) Das weitere Anpassungskonzept beruht auf der Vorstellung, dass die KlientInnen anpassen. Dabei will die Minderheit (KlientInnen) ihre Norm- und Wertvorstellungen der Mehrheit aufsetzen und bedient sich der sozialen Arbeit zur Verwirklichung dieses Vorhabens. Dieser Gedanke ist realisierbarer, als es auf den ersten Blick erscheinen mag. Denn schon Karl Marx bemerkte, dass die revolutionären Umwälzungen von der aktiven Minderheit getragen werden, die ihre Herrschaft und Ideen der passiven Mehrheit aufdrängt.

Diese Anpassungsstrategie mag in mancher Hinsicht für eine oder die andere kranke Gesellschaft notwendig sein und sogar als einziges Selbsterhaltungsmittel aufgefasst werden, wird aber m. E. in einem modernen Staat des westlichen Typus kaum angebracht sein, weil die demokratische Mehrheit von der Werthaftigkeit und Notwendigkeit der Realisierung der Freiheit, Gleichheit und Demokratie überzeugt ist und aktiv auf deren Verwirklichung (Absicherung) hin wirkt. Auch die Leitidee der sozialen Gerechtigkeit wird bei diesem Ansatz m. E. viel zu wenig zur Geltung kommen.

c) Während bei den ersten zwei Anpassungsmöglichkeiten die Rolle der Sozialen Arbeit lediglich auf Zuarbeiterfunktion der Minderheit oder Mehrheit geschrumpft ist, wird der Sozialen Arbeit bei der dritten Anpassungsweise eine immanente Bedeutung zugemessen, denn hierbei passt die Soziale Arbeit an. Da die Soziale Arbeit ihre eigenen Vorstellungen über (gerechtes) Funktionieren des Gemeinschaftslebens hat, kann sie diese Ideen auf dem Diskussionspodium der Allgemeinheit vortragen, um dann die Anpassung des Staates und der KlientInnen an diese Wertvorstellungen zu erreichen. Dabei handelt die Soziale Arbeit autonom und eigenständig oder auch "gesellschaftsverändernd, evolutionär, revolutionär und emanzipativ" (Engelke 1992, S. 104).

Die Soziale Arbeit wirkt also bei diesem Vorgehen nicht mehr an der Selbsterhaltung der Gesellschaft mit, sondern gestaltet diese nach ihrem Gutdünken um. Dass dabei die Ziele der sozialen Gerechtigkeit ohne Zweifel berücksichtigt werden können, erscheint plausibel. Inwieweit aber die tatsächlichen Realisierbarkeit vorliegt, ist zu hinterfragen, denn in der gegenwärtigen Politik werden die Prioritäten nicht immer zugunsten der Sozialen Arbeit gesetzt.

d) Der vierte Anpassungsansatz hat m. E. viel mit der Konkurrenztheorie von John Lock und Montesquieu gemeinsam: alle Beteiligte - Staat, KlientInnen und Soziale Arbeit - suchen nach gemeinsamen Lösungen und verwirklichen sie. Es erfolgt eine gesunde Auseinandersetzung auf Grundlage der Regeln einer pluralistischen Gesellschaft. Sowohl die Mehrheit als auch Minderheit bekommt die Möglichkeit, auf dem Podium der Allgemeinheit ihr Anliegen und Zielvorstellung vorzutragen. Es wird nach einem, alle Seiten befriedigenden Konsens gesucht. Dabei erhebt sich die Soziale Arbeit zu einer mediatorischen Institution, die bemüht ist, die Verbindung zwischen Konfliktparteien herzustellen und soziale Belange zur Geltung zu bringen (vgl. Engelke 1992, S. 105).

Es wird nicht nur die dauerhafte Gesellschaftserhaltung und Berücksichtigung der sozialen Gerechtigkeit erreicht, sondern die Ressourcenzuteilung, Konfliktlösung und Integrationshilfe ermöglicht. Diese Kategorien definiert Lüssi (1992, S. 130) als drei spezielle Funktionen der Sozialen Arbeit, die sie in Hinsicht auf die Gesellschaft ausführt.

Ressourcenzuteilung ist dann notwendig, wenn die KlientInnen der Sozialen Arbeit der Mittel der Gesellschaft bedürfen, die ihnen individuell von der Sozialen Arbeit zugeteilt werden. Die Soziale Arbeit übernimmt quasi die Funktion der Ressourcenvermittlung, die im Sinne des vierten Anpassungsansatzes von Engelke auch zur Aufgabe helfender Berufe gehört. Folgende Soziale Werte sind dabei für die Soziale Arbeit von Bedeutung: "Menschenwürde", "soziale Wohlfahrt", "soziale Chancengleichheit", "soziale Solidarität", "gleiches Recht" (vgl. Lüssi 1992, S. 131).

Das Lösen sozialer Konflikte unter Gesellschaftsangehörigen hebt die Fähigkeit der SozialarbeiterInnen hervor, bei Konflikten hinsichtlich sozialer Bedürfnisobjekte konfliktlösend, vermittelnd tätig zu werden, um verständlicherweise auch die Gesellschaft zu erhalten.

Als Orientierungswerte dienen dabei die Leitideen des "sozialen Interessenausgleichs", "harmonischer Sozialbeziehungen", "gerechter Güterverteilung" und "Wohl aller".

Als dritte gesellschaftliche Funktion der Sozialen Arbeit fasst Lüssi (1992, S. 131f) die soziale Integrationshilfe für deviante Personen auf: "Das primäre Ziel der Gesellschaft ist, selbst im Falle der Bestrafung kriminellen Verhaltens, die devianten Gesellschaftsangehörigen zu resozialisieren, sie wieder in die Gesellschaft zu integrieren" (Lüssi 1992, S. 131).

Diese Aufgabe übernehmen oft die Vertreter des sozialarbeiterischen Berufes, die unter den Leitideen "friedliches Zusammenleben", "gesellschaftliche Ordnung", "soziale Toleranz", "gegenseitige Rücksichtnahme und Hilfe" die devianten Personen in die Gesellschaft einzugliedern versuchen.

Abschliessend sei gesagt, dass die oben skizzierten gesellschaftlichen Funktionen der Sozialarbeit auch der Tatsache Rechnung tragen, dass die wirkungsvolle und menschenwürdige begrenzte Einflussnahme auf die Klienten, Gesellschaft oder sich selbst nur durch Einlassen auf Eigenlogik des Menschen, auf die im Grunde weitgehende Autonomie des homo sapiens von äusseren Einflüssen und nur durch Verinnerlichung humanistischer Postulate möglich ist.

3.3 Gegenstandsbestimmung Sozialer Arbeit

Dass die Soziale Arbeit den eigenständigen Gegenstandsbereich bedarf - will sie sich gegenüber den anderen Professionen durchsetzen und die allgemeine Akzeptanz der Notwendigkeit ihrer wissenschaftlichen Etablierung erreichen - steht ausser Frage, wie dies aber geschehen soll, darüber bestehen kontroverse Meinungen.

So ist Haupert (1995, S. 32) der Auffassung, dass die Soziale Arbeit sich nur als Sozialwissenschaft konzipieren kann.

Eine Sozialwissenschaft hat bekanntlich zum Ziel, das von ausserwissenschaftlichen Zwecken unabhängige Wissen aufzubauen und theoretische Erklärung und das Verständnis von sozialen Sachverhalten zu liefern. Sozialwissenschaften betrachten ferner sowohl die Strukturen und Funktion der sozialen Systeme als auch die Wechselwirkungen zwischen institutionellen Systemen und Handlungs- und Verhaltensprozessen (vgl. Haupert 1995, S. 32).

Die Sozialarbeitswissenschaft als Sozialwissenschaft bedarf aber eines eigenen Erkenntnisobjektes, eines eigenen Gegenstandsbereiches. Mühlum (1995, S. 32) sieht dabei die Schwierigkeit darin, dass die Soziale Arbeit sich mit ihrem eigenen Erkenntnisobjekt sowohl von den anderen Sozialwissenschaften abgrenzen als auch das breite Spektrum der sozialarbeiterischen Praxis abdecken soll.

Bevor aber die möglichen Vorstellungen zur Gegenstandsbestimmung der Sozialarbeitswissenschaft dargestellt werden, bedarf es meines Erachtens der Auseinandersetzung mit den wichtigen Grundentscheidungen, die im folgenden in Anlehnung an Haupert (1995, S. 37f) erfolgen wird:

a) Die Soziale Arbeit als Wissenschaft soll den eigenen Zugang zu ihrem zentralen Gegenstand - zum Sozialen, zur Sozialität finden. Nach Haupert (1995, S. 37f) wird dabei die wachsende Bedeutung der Frage der Teilhabe am Sozialen bzw. der Verweigerung der Teilhabe zugemessen. Diese Verweigerung der Teilhabe ist für Jan Tillmann ein Grund dafür, den Begriff eines homo abusus einzuführen: "Eine von den unterschiedlichen Fachdisziplinen der Fachbereiche Sozialwesen an den Fachhochschulen zu entwickelnde Sozialarbeitswissenschaft hat den verbrauchten, missbrauchten Menschen zum Gegenstand (homo abusus). Dabei ist das reflexive Verständnis, der sich gebrauchende, sich verbrauchende Mensch, immer mit gemeint.

Jede Gesellschaft figuriert sich in einer Weise, die eine gewisse Anzahl von Individuen ausschliesst, die aus unterschiedlichen Gründen das den Figurationen entsprechende Verhalten nicht abzuliefern in der Lage oder bereit sind. Sie sind das potentielle Klientel der Sozialarbeit (...) Potentiell ist jedes Mitglied einer Gesellschaft Klient der Sozialarbeit. Sozialarbeitswissenschaft untersucht die Gesellschaft unter dem Aspekt ihrer Ausgrenzungsstrategien" (Tillmann 1993, S. 31).

Mit den obigen Sätzen sind auch die Differenzierungsmerkmale der Sozialarbeitswissenschaft zur Soziologie aufgezeigt worden, denn, wie es spätestens seit Weber bekannt ist, stellt das Soziale auch den Gegenstand der Theoriebildung und Forschung der Soziologie dar.

b) Die professionelle Praxis Sozialer Arbeit ist durch die interaktive und kommunikative Organisation gekennzeichnet. "Professionelle Praxis ist konstitutiv durch ihren Fallbezug (individuell wie institutionell) bestimmt. Fallbezug verlangt (...) stets ein auf die jeweilige Profession abgestimmtes rekonstruktives Vorgehen. Daraus folgt, dass in Sozialer Arbeit der rekonstruktiven Methodologie der (Einzel-)Fallstudien mehr Gewicht verliehen werden muss" (Haupert, 1995, S. 38).

c) Desweiteren analysiert die Sozialarbeitswissenschaft die Formen des Sozialen, die deswegen näher zu bestimmen sind. Darüber hinaus bildet die Soziale Arbeit als Wissenschaft über diese Formen des Sozialen substantielle Theorien, die nach Meinung von Haupert (1995, S. 38) durch rekonstruktive wissenschaftliche Praxis entwickelt werden.

d) Da die Theorie und Praxis der Sozialarbeit als untrennbare dialektische Einheit verstanden werden können, wird es verständlich, dass die Sozialarbeitswissenschaft einige Funktionen in bezug auf die professionelle Praxis ausüben kann: erstens die Leitlinien für Reflexion und Beurteilung von Praxis ausbilden, die dadurch erst als professionelles Handeln konstituiert wird; zweitens kann die Sozialarbeitswissenschaft abstrakt und gedankenexperimentell zur Entdeckung und Erprobung neuer Formen der Praxis beitragen und drittens ist sie in der Lage, professionelles Wissen zur Ausübung der "Kunstlehre" verfügbar zu machen.

Die Sozialarbeitswissenschaft wäre jedoch überfordert, wenn an diese Anspruch gestellt wird, unmittelbar übertragbares Handlungswissen für die Lebenspraxis bereitzustellen, denn dem von Max Weber und Alfred Schütz formulierten konstituitiven Unterschied zwischen Wissenschaft und Lebenspraxis zufolge ist dies nicht die Aufgabe der Wissenschaft (vgl. Haupert 1995, S. 38; Mühlum 1995, S. 29).

e) Das Studium der Sozialarbeit soll in Anbetracht der obigen Tatsachen den Studierenden ermöglichen, eigenständig Daten (Fallbezug) zu erheben, um diese nach der nachfolgenden Interpretation in der professionellen Praxis rekonstruktiv zu verwenden.

Nach den obigen Grundentscheidungen gilt es, den Gegenstandsbereich Sozialer Arbeit als Beruf und als (Sozialarbeits-) Wissenschaft zu bestimmen.

Oben ist bereits darauf hingewiesen worden, dass unter Sozialwissenschaften insbesondere Soziologie mit dem gleichen Gegenstand - dem Sozialen - beschäftigt ist. Freilich erfolgt die soziologische Analyse des Menschen unter Aspekten der Vergesellschaftung, während die Soziale Arbeit einen anderen theoretischen Ausgangspunkt zu finden hat.

Bereits die Arbeiten von Alice Salomon in Deutschland und Ilse Arlt in Österreich sind für die Definitionsbildung der Gegenstandsbestimmung von Bedeutung. Auch die Konzepte der wissenschaftlichen Bestimmung aus dem angelsächsischen Raum dürfen mehr als Orientierungshilfen darstellen.

Jan Tillman's Gedankengang (1993, S. 31ff) zufolge ergibt sich die Gegenstandsbestimmung der Sozialen Arbeit aus der Forderung einer besonderen Ethik und der besonderen Subjektkompetenz, die die Praktiker ausbilden müssen. Darüber hinaus versteht Tillman den Menschen als ein "prinzipiell von Überforderung bedrohtes Wesen".

Dieser Gedanke wird von Haupert (1995, S. 39) aufgegriffen und weiterentwickelt, indem er die aus der Überforderung des Menschen sich ergebenden spezifischen Prozesse des Leidens und des Scheiterns in den Mittelpunkt der wissenschaftskonstituirenden Bemühungen stellt und feststellt, dass die Menschen - freilich nicht unabhängig von ihrer Umwelt - im modernen Staate aufgrund der Rahmenbedingungen und der gestiegenen Ansprüche der Gesellschaft überfordert sind und (professioneller) Hilfe bedürfen.

Soziale Arbeit bezieht sich damit auf die Prozesse der Lebensbewältigung der Individuen und die in diesem Zusammenhang auftretenden Schwierigkeiten. Wendt (1995, S. 6) formuliert dies folgendermassen:

"Wissenschaftlich wird untersucht, worin Menschen soziale Schwierigkeiten haben oder scheitern und welche Weisen durchhaltbar (sustainable) sind".

Den Menschen, die sozialen Schwierigkeiten haben, hat die Soziale Arbeit zu helfen, ihnen "Ausgleich für verlorengegangenes Soziales in der Lebenswelt" zu schaffen und die "Wiederherstellung der autonomen Lebenspraxis der KlientInnen" zu erreichen (Haupert 1995, S. 40). Dabei übernimmt die Soziale Arbeit die mediatorische Funktion zwischen dem Individuum und der Gesellschaft, die als Träger des Sozialen agiert.

Hiermit rückt das Individuum in den Mittelpunkt der Betrachtungsweise der Sozialarbeit als Profession und Wissenschaft. Freilich soll das Individuum nach Meinung von Haupert (1995, S. 40) sowohl in seinen kulturellen, ökonomischen, sozialen und politischen Bezügen (Fallorientierung) als auch unter Berücksichtigung der Aspekte des Sozialen (Feldorientierung) gesehen werden.

Ähnlich argumentiert Mühlum (1995, S. 32), der die Auffassung vertritt, dass die Soziale Arbeit die Lebensbewältigung von Menschen im Alltag unter erschwerten individuellen (Handicap) oder sozialen Bedingungen (Deprivation) unterstützen soll, zumal die individuellen und sozialen Aspekte für die Sozialarbeit als konstitutiv aufgefasst werden können. Es sei jedoch an dieser Stelle darauf hingewiesen, dass bei Betrachtung der sozialen und individuellen Aspekte nicht von linearen Kausalbeziehungen ausgegangen werden darf. Vielmehr folgen diese den kreisförmigen Mustern; so kann z. B. die „beschädigte Identität" der KlientIn ihr die autonome Lebensführung unmöglich machen und damit das soziale Umfeld dieser beeinträchtigen. Die Soziale Arbeit hat demnach diese Kreisprozesse umzukehren, das heisst Benachteiligungen ihrer KlientInnen abzubauen und deren persönliche Autonomie zu fördern (vgl. Mühlum 1995, S. 32).

Auch Rauschenbach (1992, S. 52) betont, dass die Aufgabe der Sozialen Arbeit darin besteht, die Menschen bei ihrer Lebensbewältigung in unserer Risikogesellschaft zu unterstützen, ihnen zu helfen, „sozusagen ihr Planungsbüro in eigener Sache aufzubauen“ (Rauschenbach 1992, S. 53).

Nach Haupert (1995, S. 40) stellt die Soziale Arbeit das Soziale wieder her, indem sie die "Rekonstituierung von Identität als individueller Ausprägung des Sozialen und von Sozialität als deren objektiver Ausprägung" betreibt.

In den Vordergrund stellt Haupert (1995, S. 40f) desweiteren den Begriff der "beschädigten Identität", die die Abnahme, einen Mangel oder eine Einschränkung der Autonomie der Lebenspraxis bedeutet. Die Einschränkung der Autonomie der Lebenspraxis kann vom Individuum nicht allein bewältigt werden, so dass professionelle Hilfe der JuristInnen, MedizinerInnen, Seelsorger und SozialarbeiterInnen erforderlich wird, denn die soziale Gemeinschaft macht zwar den Menschen zum Menschen, kann aber gleichzeitig auch die Ursache seines Lebensscheiterns sein.

"Das potentielle Scheitern an Sozialität, das prinzipielle individuell Überfordert-Sein in Sozialität erfordert gleichsam "naturwüchsig" soziale Unterstützung oder externe professionelle Absicherung.

Für die Soziale Arbeit sind demnach Fragen der Einschränkung der Autonomie von Lebenspraxis, der Bewältigung von Lebenspraxis und der Beschädigung und/oder Verletzung von Identität in Lebenspraxis zentral" (Haupert 1995, S. 41). Der Begriff der "beschädigten Identität" verleiht jedoch der so postulierten Sozialen Arbeit als Profession und Wissenschaft eine defizitorientierte Ausrichtung, die m. E. dem Grundsatz der positiven Wertschätzung der KlientInnen nicht entspricht.

Ausserdem werden diejenigen, die nicht „verbraucht“ oder „missbraucht“ sind, aus dem Blickwinkel der so postulierten Sozialarbeit ausgeschlossen.

Es wird also evident, dass die oben skizzierten Vorschläge zur Gegenstandsbestimmung der Sozialen Arbeit um die präventiven und prophylaktischen Ansätze ergänzt werden sollen, obwohl in der Wirklichkeit Soziale Arbeit oft als letztes, keineswegs präventives Mittel eingesetzt wird. Allerdings wird nach meiner Auffassung in der obigen

Definition von Haupert durch den Gebrauch des Begriffes "potentielles Scheitern" der Kritikpunkt von Thole entkräftet, dass diejenigen, die keine beschädigte Identität aufweisen, im Blickwinkel der Betrachtung nicht erscheinen.

Abschliessend sei angemerkt, dass gerade auf dem Gebiete des Sozialen das humanistische Menschenbild wegweisend sein soll. Dass die SozialarbeiterInnen in der Praxis und in der Theoriebildung oft mit den Benachteiligten unserer Gesellschaft zu tun haben, soll der humanistischen Einstellung und dem positiven Menschenbild nicht widersprechen, denn wie die Richter des Bundesverfassungsgerichtes bei der Auslegung des Art. I des Grundgesetzes es treffend formulierten: "Der einzelne kann sich zwar durch seine Lebensführung gegen seine Menschenwürde verhalten, diese aber niemals verlieren".

3.4 Methoden und Techniken in der Sozialen Arbeit

Zusammen mit Wendt (1995, S. 7) sei gesagt, dass der Gegenstandsbereich einen Hauptteil der Sozialarbeitswissenschaft ausmacht. Ein anderer Hauptteil ist die Auseinandersetzung mit den Verfahren: den Forschungsmethoden und den Methoden der sozialarbeiterischen Praxis.

Im Forschungsfeld bedient sich die Sozialarbeitswissenschaft der Verfahren der Sozialforschung, wobei das Forschungsfeld der Sozialarbeit enger und anwendungsorientiert abgesteckt ist. Es gibt Fülle von Verfahren, die besonders dafür geeignet sind, die Lage von Menschen und ihre Lebensbewältigungsstrategien zu erforschen. Wendt (1995, S. 7) nennt dazu die Fallstudien. Die Fallstudien vermögen sowohl die Komplexität der Lebensverhältnisse zu erfassen, als auch objektive und subjektive Wahrnehmung der problemrelevanten Situation zu berücksichtigen. Darüber hinaus werden in Fallstudien die Handlungsweisen der Akteure beurteilt.

Ausser Fallstudien können auch die Techniken der Lebensverlaufsstudien, die von ihrer Reichweite her mit den Fallstudien vergleichbar sind, sowie die Technik des narrativen Interviews genannt werden. Die

Technik des narrativen Interviews eignet sich besonders, um eine Situation subjektzentriert zu erfassen (vgl. Wendt 1995, S. 7).

Die durch die obengenannten Forschungstechniken gewonnenen Erkenntnisse sind für die Problembeurteilungsphase, für Durchführungsphase und Evaluationsphase des Problemlösungsprozesses von immanenter Bedeutung und tragen damit der Entwicklung der beruflichen Arbeitsweisen bei.

Die Entwicklung der Methoden der Sozialen Arbeit ist dadurch geprägt, dass um 1920 eine Konzentration auf die Methode (Casework) einsetzte, was nach Meinung von Wendt (1995, S. 5) die Verengung des fachlichen Anspruchs bedeutete.

In der gegenwärtigen Sozialarbeit gibt es inzwischen sehr viele Methoden, die sich oft weder zum Bereich der hermeneutischen Methoden noch zum Bereich positivistischer Methoden zuordnen lassen. Diese Vielfalt des Methodenspektrums ist unter anderem auf den genauso vielfältigen Gegenstand der Sozialarbeit zurückzuführen, denn die einzelnen wissenschaftlichen Methoden können nicht den komplexen, viele Dimensionen aufweisenden Gegenstand der Sozialen Arbeit beschreiben.

Es bedarf also mehreren Erkenntnismethoden, die diesem Anspruch gerecht werden können (vgl. Engelke 1992, S. 120ff).

Methodisches Handeln ist immer auch zielgerichtetes Handeln, das bestimmten Prinzipien unterliegt und sich in bestimmten Arbeitsschritten vollzieht (vgl. Heiner 1995a, S. 35).

Lüssi (1992, S. 213ff) unterscheidet z.B. über dreissig Prinzipien, die übersichtlichkeitshalber zu drei Arten methodischer Prinzipien zugeordnet werden: Konzept-, Handlungs- und Akzeptanzprinzipien.

a) Die Konzeptprinzipien beziehen sich hauptsächlich auf die konzeptuelle Strukturierung der sozialen Problemlösung.

b) Die Handlungsprinzipien beziehen sich auf die Frage, wie die SozialarbeiterIn bezüglich problemrelevanter Personen handelt, was macht sie, um die Problemlösung zu erreichen.

c) Die Akzeptanzprinzipien beschäftigen sich mit der Frage, wie die SozialarbeiterIn bei den problembeteiligten Personen Akzeptanz verschafft, wobei die Akzeptanz nicht mit der Casework-Bedeutung zu verwechseln ist. Die Akzeptanz bei Lüssi bedeutet ein Phänomen menschlicher Beziehung und stellt eine Vorbedingung erfolgversprechenden sozialarbeiterischen Handelns dar (vgl. Lüssi 1992, S. 213f).

Es wird evident, dass die obige Definition methodischen Handelns nicht nur als (1) zielgerichtet und (2) verfahrensgebunden für kompetentes, professionelles Handeln, sondern auch (3) als prinzipiengesteuert gelten kann (Heiner 1995a, S. 35).

An einer anderen Stelle (Heiner u. a. 1994a, S. 291) geben Maja Heiner, Marianne Meinhold, Hiltrud von Spiegel und Silvia Staub-Bernasconi eine abstraktere Definition des methodischen Handelns: "Als methodisches Handeln in der Sozialen Arbeit verstehen wir alle Tätigkeiten, mit denen Ereignisse und Strukturen in komplexen sozialen Situationen in einen systematischen Zusammenhang gebracht werden".

Die Planung, Umsetzung, Auswertung und Reflexion des beruflichen Handelns vollzieht sich auf vier Ebenen:

a) auf der Ebene der Konzeptionen beruflichen Handelns,

b) auf der Ebene der Arbeitsprinzipien,

c) auf der Ebene der Arbeitsformen,

d) auf der Ebene der Handlungsanweisungen.

Die Reflexion beruflichen Handelns zielt hauptsächlich darauf ab, wieweit die einzelnen Entscheidungen auf den jeweiligen Ebenen zueinander passen. Die ganzheitliche, systemische Betrachtungsweise fordert, dass die Reflexion nicht auf die Handlungssituation eingeschränkt wird, sondern darüber hinaus die institutionellen und gesellschaftlichen Bedingungen und Konsequenzen berücksichtigt.

Darüber hinaus soll ein methodisches Handeln zum Ziel haben, das erfahrungsbezogene Erklärungswissen mit wissenschaftlichen Erklärungswissen zu konfrontieren und somit beides reflexiv zu qualifizieren (zu diesen und folgenden Ausführungen vgl. Heiner u. a. 1994a, S. 291f).

a) Konzeptionen

aa) Professionelle Konzeptionen (oder Handlungspläne)

Unter professionellen Konzeptionen versteht man die Analyse gesellschaftlicher und sozialer Anforderungen bzw. Probleme und Vorschläge zu ihrer Bearbeitung. Diese Vorschläge beruhen jedoch auf einer Definition der Probleme. Es bedarf also einer Feststellung, ob ein vorliegender Sachverhalt ein soziales Problem darstellt und wenn ja, ob die sozialarbeiterische Hilfe notwendig ist. In der Fülle von Vorschlägen zur Problemdefinition ist m. E. das Modell von Peter Lüssi (1992, S. 81) mit acht Bedürfnisobjekten des Individuums von herausragender Bedeutung.

Die Vorschläge zur Bearbeitung der gesellschaftlichen und sozialen Anforderungen beruhen jedoch auch auf einer Formulierung der konzeptionellen Ziele inklusive Werte, auf welche Ziele zurückzuführen sind.

Die professionellen Konzeptionen beruhen auf wissenschaftlichem Erklärungswissen, Wertvorstellungen, Zustands und Verfahrenswissen und damit auf persönlichen Erfahrungen wie auf theoretischem Wissen. M. E. werden hier unter anderem jene Definitionsweichen gestellt, an denen die Professionalität des methodischen Vorgehens in der Sozialen Arbeit gemessen werden kann.

ab) Politisch ausgehandelte Konzeptionen

Diese haben zum Ziel, die Handlungskomplementarität der Beteiligten innerhalb eines Arbeitsfeldes oder einer Organisation zu erreichen, indem ein Minimalkonsensus hergestellt wird. Die politisch ausgehandelten Konzeptionen enthalten mehr oder minder differenzierte Aufgabenzuschreibungen und Arbeitsaufträge, die das Verhalten von Organisationsteilen, Abteilungen, oder Arbeitsgebiete innerhalb einer Organisation aufeinander abstimmen sollen (vgl. Heiner u. a. 1994a, S. 292f).

b) Arbeitsprinzipien

Arbeitsprinzipien beinhalten die grundlegenden und umfassenden Aussagen über das Selbstverständnis und die Ziele der Fachkräfte. Die Formulierung der Arbeitsprinzipien kann sowohl problemfeld- und institutionsübergreifend (z.B. Parteilichkeit, Hilfe zur Selbsthilfe, keine Defizitorientierung etc.) als auch problem- und institutionsspezifisch (z.B. die Nutzungsbarrieren bei der Inanspruchnahme der Sozialhilfe abbauen) ausfallen. Insbesondere bei der Formulierung der Arbeitsprinzipien wird es sichtbar, dass sie den prägnanten Begriff, den Kern des Lösungsansatzes eines sozialen Problems beinhalten.

Die Abstraktität, zentrale Orientierung und grundlegende Aussagekraft der Arbeitsprinzipien vermögen den SozialarbeiterInnen trotz aktueller Konzeptionsänderungen und institutioneller Anforderungen eine dauerhafte Identität zu vermitteln.

Ausser der obigen Funktion stellen die Arbeitsprinzipien eine Aufforderung zum Handeln dar, obgleich sie aber einen grösseren Spielraum bei der Umsetzung zulassen und damit dem oft unvorhersehbaren Wesen des sozialen Problems die Rechnung tragen. Wenn die oft so abstrakt gehaltenen Arbeitsprinzipien konkretisiert werden, spricht man von Handlungsregeln, deren Begründung vor allem mit den erfahrungsbezogenen Wissensbeständen (Zustandswissen, Erklärungswissen, Wertwissen, auch Verfahrenswissen) erfolgt (vgl. Heiner u. a. 1994a, S. 293).

c) Arbeitsformen

Darunter versteht man die einzelfall- und situationsübergreifende Verfahrensvorschläge und Techniken zur Erreichung bestimmter Ziele. Neben einer Reihe spezifischer Arbeitsformen für soziale Berufe (z.B. nicht-direktive Gesprächsführung) gibt es zahlreiche Arbeitsformen, die auch in anderen Berufen ihre Anwendung finden (z.B. Verfahren der Bedarfsberechnung von Hilfe zum Lebensunterhalt).

Die konzeptionell ausgearbeiteten Arbeitsformen nehmen immer auch Bezug auf wissenschaftliches Erklärungswissen und enthalten Aussagen zu Zielen, Rahmenbedingungen und Konsequenzen ihres Einsatzes.

Die Arbeitsformen, die ein Bündel von Aussagen über Realitätsmuster, Ziele, Regeln/Handlungsanweisungen, Verfahrenssequenzen und Techniken beinhalten, die von der begrifflichen Beschreibung eines (Teil-)Problems Sozialer Arbeit ausgehen und für die Wahl von Lösungsverfahren entscheidend sind, werden nach Staub-Bernasconi (in: Heiner u. a. 1994a, S. 294) problembezogene Arbeitsweisen genannt.

d) Handlungsanweisungen

In Handlungsanweisungen (für eine oder mehrere Handlungen) werden die professionelle und/oder politisch ausgehandelte Konzeptionen und/oder Arbeitsprinzipien in Bezug auf die Handlungssituation von den Fachkräften konkretisiert oder ausser Kraft gesetzt.

Damit enthalten die Handlungsanweisungen die möglichen und notwendigen Variationen und Abweichungen von Arbeitsprinzipien.

Nach den Handlungsanweisungen richten die Autorinnen (Heiner u. a. 1994a, S. 294f)

ihre Aufmerksamkeit auf die Handlungstheorie(n). Ich verzichte an dieser Stelle auf die Beschreibung der Handlungstheorie, da diese m. E. nicht nur als Bestandteil der Methodik angesehen werden darf. Vielmehr ist eine Handlungstheorie jene Wissensbasis, die nicht nur praktisches Vorgehen in der Sozialen Arbeit ermöglicht, sondern auch den wissenschaftlichen Zwecken dient.

Was die Systemtheorie im Hinblick auf eine so verstandene Handlungstheorie Sozialer Arbeit zu leisten vermag, wird der folgende Abschnitt aufzeigen

4. Systemische Modelle als theoretische Grundlage einer Handlungstheorie der Sozialen Arbeit

> *„Es geht nicht darum, die Systemtheorie in allen ihren Aspekten auf die Sozialarbeit zu "übertragen", sie anhand der Sozialarbeit vorzuzeigen und zu entfalten (...) Der Sozialarbeiter muss nicht Systemtheoretiker sein, um systemisch arbeiten zu können. Aber er braucht dazu einige wesentliche systemtheoretische Einsichten, prinzipielle Denkperspektiven, die sein Begreifen sozialer Problematik und sein helfendes Handeln bestimmen."*
>
> PETER LÜSSI

Nachdem im ersten Abschnitt dieser Arbeit die Auseinandersetzung mit der Systemtheorie erfolgte und im zweiten Abschnitt auf die gegenwärtige Standortbestimmung der Sozialen Arbeit eingegangen wurde, gilt es die in ersten beiden Teilen gewonnenen Erkenntnisse miteinander zu verknüpfen mit dem Ziel, den Nutzen und die Reichweite der systemtheoretischen Konzepte als wissenschaftlichen Bezugsrahmen für eine Handlungstheorie der Sozialen Arbeit zu erforschen.

Dabei wird im folgenden davon ausgegangen, dass die Handlungstheorie mehr als nur ein Bestandteil der Methodik ist. Die Handlungstheorie kann in Anlehnung an Staub-Bernasconi (1986, S. 8) als jene Wissensbasis definiert werden, die der komplexen Realität Sozialer Arbeit Rechnung zu tragen vermag.

Silvia Staub-Bernasconi (vgl. 1986, S. 8f) zählt folgende Konstruktionselemente einer komplexen handlungswissenschaftlichen Metatheorie auf:

a) Das Gegenstandswissen, das auf die Frage antwortet: "Was ist los?" Dieses Gegenstandswissen betrachtet das Problem im Raum-Zeit-Bezug und erfasst dieses im Hinblick auf seine Beschaffenheit, seine Ereignisgeschichte und seine geographisch-kulturelle Variationsbreite

b) Das Erklärungswissen antwortet auf die Frage: "Warum ist das so?" Dabei werden die Ursachen der Entstehung eines sozialen Problems und die Bedingungen seines Fortbestehens oder Wandels erforscht.

c) Das Wert- oder Kriterienwissen antwortet auf die Frage: "Woraufhin soll verändert werden?" Es beinhaltet die Vorstellungen von wünschbaren Zuständen und Prozessen, die die Soziale Arbeit hat und die die Problembeurteilung, -behandlung und Zielsetzung beeinflussen.

d) Das Verfahrenswissen antwortet auf die Frage: "Wie kann verändert werden?" Es erklärt, mit welchen Mitteln die soziale Problemlösung betrieben werden kann

e) Das Funktionswissen antwortet auf die Frage: "Was ist geschehen?" Es kann als Produkt der wissenschaftlichen Auswertung der erzielten Ergebnisse im Hinblick auf die problemrelevanten Klienten und Systeme definiert werden, wobei die rekursive Zurückwirkung der Ergebnisse nicht unterschätzt werden darf.

(Zu den Punkten von a) bis e) vgl. ferner Engelke 1992, S. 295).

Staub-Bernasconi (1986, S. 9) definiert die Zusammenschau und systematische Verknüpfung der obengenannten Wissensformen als Handlungstheorie.

Die nachfolgende Darstellung des Einflusses der Systemtheorie auf eine Handlungstheorie der Sozialen Arbeit knüpft sich an die von Engelke (1992, S. 30ff) beschriebenen vier Organisationselemente von Wissenschaftsdisziplinen (Gegenstand einer Theorie, inhaltliche Aussagen, Methodik und Forschung) an, wobei auch die Wissensbereiche einer Handlungstheorie nach Staub-Bernasconi ihre ihnen gebührende Berücksichtigung finden sollen.

Zunächst wende ich mich der Betrachtung des Gegenstandsbereichs einer Handlungstheorie der Sozialen Arbeit aus systemischer Perspektive zu, um danach zwei systemorientierten Theorien von Peter

Lüssi und von Silvia Staub-Bernasconi als inhaltliche Aussagen der Handlungstheorie darzustellen. Dann wird die Methodik aus systemischer Sicht beschrieben. Abschliessend ist die sozialarbeiterische Forschung unter Anwendung der systemtheoretischen Erkenntnisse zu beurteilen.

4.1 Gegenstand einer Handlungstheorie der Sozialen Arbeit aus der systemischen Perspektive

Unsere Axiome, Theoreme, Theorien und Wissenschaftsdisziplinen sind nichts anderes als Gedankenkonstrukte, die die Phänomenen der Realität zu erklären helfen sollen. Eine systemorientierte Handlungstheorie der Sozialen Arbeit bildet dabei keine Ausnahme.

Darüber hinaus betrachtet die Handlungstheorie der Sozialen Arbeit, wie jede andere Wissenschaftsdisziplin, nur einen begrenzten Ausschnitt der komplexen Welt. Diese Festlegung auf einen Ausschnitt, der den Gegenstand einer Theorie ausmacht, trägt nicht nur der Tatsache Rechnung, dass alle Aspekte der Wirklichkeit nicht unter einem einheitlichen Theoriedach zusammengefasst werden können, sondern impliziert auch die Abgrenzung der Handlungstheorie der Sozialen Arbeit von anderen Wissenschaften. Indem wir uns für eine bestimmte Betrachtung eines Erkenntnisobjektes entscheiden, nehmen wir eine gewisse Unterscheidung vor, die mit den Unterscheidungen der anderen wissenschaftlichen Beobachter nicht identisch sind.

Im Kapitel 3.3 dieser Arbeit sind einige von gegenwärtigen Vorschlägen zur Gegenstandsbestimmung der Sozialen Arbeit erläutert worden. Dabei fielen solche Begriffe wie "ein prinzipiell von Überforderung bedrohtes Wesen" (Tillmann, 1993, S. 31ff), "Menschen, die soziale Schwierigkeiten haben" (Wendt, 1995, S. 6), "Lebensbewältigung des Individuums unter erschwerten Bedingungen" (Mühlum 1995, S. 32), „Lebensbewältigung in einer Risikogesellschaft“ (Rauschenbach 1992, S. 52), "Beschädigte Identität" (Haupert 1995, S. 40f).

Allen diesen Begriffen ist gemeinsam, dass sie auch **das Phänomen des sozialen Problems** mit berücksichtigen. Das soziale Problem rückt auch bei Staub-Bernasconi (1986, 1995) und Lüssi (1992) in das Zentrum der Betrachtung und wird bei diesen Autoren zur Gegenstandsbestimmung der Handlungstheorie (Staub-Bernasconi) und systemischer Sozialarbeit (Lüssi). Die Definitionen und Verständnis des sozialen Problems von Staub-Bernasconi und Lüssi werden jedoch im Rahmen des Kapitels 4.2 dargestellt, während ich an dieser Stelle auf einige Aspekte und Unterscheidungsmerkmale des Terminus technicus "soziales Problem" eingehe.

Indem man sich bei der Gegenstandsbestimmung der Sozialen Arbeit für das soziale Problem entscheidet, ändert man die Betrachtungsperspektive. Unter "sozial" wird der Aspekt gemeint, dass bestimmte Sachverhalte gesellschaftlich bedingt oder mit bedingt sind (vgl. Bellebaum, 1993, S. 858). Damit geht man weg von der Ebene des Individuums und ordnet die Sachverhalte in die Fülle von Sub-und Suprasysteme ein.

Maja Heiner (1995c, S. 534) formuliert das folgendermassen: „Probleme einzelner Personen hängen mit ihrer Mitgliedschaft in (partiell) dysfunktionalen Systemen zusammen und/oder sind auf unzureichende Passungen zwischen System und Umwelt zurückzuführen".

Dabei wird evident, dass nicht immer die Personen die ausschliessliche Verantwortlichkeit und Ursächlichkeit für das Entstehen, Entwicklung und Reversibilität eines sozialen Problems haben, sondern auch und vor allem die Einwirkungen der sozialen Systeme mit zu berücksichtigen sind.

Mit der Einführung des Begriffes „*soziales* Problem" nimmt man auch die Abgrenzung zu den anderen Sachverhalten vor: es werden nicht die psychischen, physischen oder kulturellen Sachverhalte betrachtet, sondern lediglich soziale. Dass eine ganzheitlich denkende und handelnde SozialarbeiterIn bei der Beurteilung eines Phänomens auch die obengenannten nicht-sozialen Gesichtspunkte berücksichtigt, soll der Abgrenzung der Tätigkeit der Sozialarbeit auf das Soziale nicht widersprechen, denn der Mensch ist in seiner Ganzheit kein System; er kann jedoch Mitglied eines sozialen Systems sein, über psychisches System (z.B. Bewusstsein) verfügen, dem kulturellen System angehören und physische Grösse ausmachen. Es wäre praxisfern, diese Tatsache einfach auszublenden und die überdimensionalen Einflüsse in der sozialarbeiterischen Praxis zu übersehen.

Auch die von Bellebaum (1993, S. 858) zitierte Definition eines sozialen Problems hebt die Bedeutung des Sozialen hervor: „Bei sozialen Problemen handelt es sich um Tendenzen und Situationen in den menschlichen Beziehungen und in der Gesellschaft, die als schwierig angesehen werden und denen man Aufmerksamkeit in Form kollektiver und ausgleichender Massnahmen zukommen lässt".

Die menschlichen Beziehungen sind Bestandteile eines sozialen Systems, und ein Problem in diesen ist notwendigerweise ein soziales Problem. Andererseits geht aus der Definition nicht hervor, wer diese Tendenzen und Situationen als schwierig definiert, und wer die notwendigen Massnahmen ergreift.

Gerade die systemtheoretische denkende und handelnde SozialarbeiterIn soll sich vor jeder Interventionsphase fragen, „wer was als 'Problem' ansieht, wer daran direkt oder indirekt beteiligt ist und was die Funktion des Problems für welche sozialen Systeme ist" (Heiner 1995c, S. 537).

Aufgrund der systemtheoretischen Erkenntnisse lässt sich feststellen, dass diese Person, die ein Phänomen als soziales Problem einstuft, ein Beobachter ist.

Im Kapitel 2.5.4 dieser Arbeit ist darauf hingewiesen worden, dass Luhmann (1990, S. 77f) eine Beobachtung als eine Bezeichnung-anhand-einer-Unterscheidung definiert. Ein Beobachter nimmt also in bezug auf einen bestimmten Sachverhalt eine Unterscheidung vor, anhand dieser er zu der Überzeugung gelangt, dass der vorliegende Sachverhalt ein problematischer oder ein nicht-problematischer ist.

Es sei jedoch hervorgehoben, dass ein als soziales Problem aufgefasstes Phänomen nur im Rahmen dieser einen Unterscheidung als problembehaftet gesehen wird. Es kann durchaus sein, dass eine andere Unterscheidung zu einem anderen Ergebnis der Beobachtung führen kann.

Die Einstufung eines sozialen Sachverhaltes als ein soziales Problem setzt voraus, dass der Beobachter früher sowohl die problematischen als auch unproblematischen Sachverhalte kennengelernt hat. Wenn der Beobachter lediglich die Möglichkeit hatte, nur problematische oder nur nicht-problematische Sachverhalte kennenzulernen, vermag er keine Unterscheidung vorzunehmen.

Betrachten wir aber die Problemanalyse eines Beobachters, der eine Unterscheidung vornimmt (z.B. SozialarbeiterIn). Im ersten Schritt soll er nach Meinung von Heiner (1995c, S. 532) die relevanten Beziehungseinheiten festlegen, also die Grenzziehung zwischen einem Referenzsystem und seiner Umwelt vornehmen. Es wird definiert, was sich „drinnen" (Referenzsystem) befindet und was „draussen" (Umwelt) ist. Diese Definition ist sehr wichtig, denn „ erst in der Beziehung zu den jeweiligen Systemen werden die unterschiedlichen Facetten eines Problems deutlich, verschwindet das ursprüngliche Problem sogar, weil seine Analyse zu ganz anderen Problemen geführt hat, die entscheidend für die mangelnde wechselseitige Passung von Individuum und Umwelt sind" (Heiner 1995c, S. 532f).

Im zweiten Schritt gilt es, die Funktion der beobachteten Ereignisse für das System und seine Teile festzustellen. Der Beobachter beurteilt die Beziehungsstrukturen hinsichtlich ihrer Veränderbarkeit. Es könnte z. B. zu Blockaden kommen, wenn die Interaktionsteilnehmer der zu beobachtenden Systeme nicht mehr von Tatsachen, sondern von ihren Deutungen ausgehen oder wenn aufgrund der falschen Annahmen zu negativen Sich-selbst-erfüllenden-Prophezeiungen kommt. Es bedarf also einer systembezogenen Deutungs- und Verhaltensanalyse, die ggf. durch eine Ressourcenanalyse ergänzt werden soll (vgl. Heiner 1995c, S. 533).

Die Meinung eines Beobachters über einen sozialen Sachverhalt soll nicht unbedingt mit der Meinung eines anderen Beobachters übereinstimmen. Es kommt zu einem Konsens insbesondere dann, wenn ein Sachverhalt von den externen und internen Beobachtern beobachtet wird. Unter externem Beobachter wird eine Person/ein System verstanden, die/das sich ausserhalb des Referenzsystems befindet. Das

Referenzsystem ist in diesem Falle das System, das beobachtet wird oder das den zu beurteilenden Sachverhalt begründet.

Der interne Beobachter ist eine Person/System, die/das vom Sachverhalt unmittelbar oder mittelbar betroffen ist und/oder ein Element des Referenzsystems ist.

Wenn beispielsweise eine Person nach der Meinung eines externen Beobachters (Nachbarschaftssystem, Verwandtschaftssystem, Gesellschaft usw.) als arm bezeichnet wird, muss es nicht unbedingt sein, dass die Person selbst sich als arm empfindet und damit ihre eigene Situation in bezug auf einen bestimmten Sachverhalt (z.B. Geld) als ein Problem auffasst. Das Wahrgenommene wird also schon durch den aktiven Vorgang der Beobachtung beeinflusst. Dass die Auffassung der Mehrheit der externen Beobachter die Meinung des internen Beobachters nur partiell zu beeinflussen vermag, ergibt sich aus der Annahme, dass die psychischen Systeme durch eine operational geschlossene tiefere Struktur determiniert sind, die direkter Einflussnahme von aussen entzogen ist und lediglich auf die von der Aussenwelt bewirkten Irritationen systemintern reagieren kann. (Vgl. Maturana 1987, 1990; Heiner 1995b, S. 428ff, sowie das Kapitel 2.5.3 dieser Arbeit.)

Der interne Beobachter verfügt weiterhin über die Fähigkeit, sich selbst zu beobachten. Heiner (1995c, S. 540) setzt sogar die Selbststeuerungskapazität sozialer Systeme ihrem Selbstbeobachtungspotential gleich. Die Selbstbeobachtungsfähigkeit kann nach Meinung von Heiner (1995c, S. 541) durch die Technik zirkulären Fragens gefördert werden. Dabei geht man von der Annahme aus, dass die Schilderung einer Person des von ihr wahrgenommenen Verhaltens einer anderen Person für alle Anwesenden relevant ist. Als typische Frage z.B. in der Familienberatung führt Heiner (1995c, S. 540) folgendes auf: „Was tut dein Bruder, wenn deine Mutter und dein Vater sich streiten?“ Die beteiligten Personen sollen also stärker die Beobachter ihrer selbst werden und dadurch die blinden Flecken ihrer Problemdefinition entdecken.

Zusammenfassend sei gesagt, dass die Beobachtung eines sozialen Phänomens zwecks der Entscheidung hinsichtlich seiner Problembehaftung immer von einer Interaktion zwischen dem beobachtenden Subjekt (externer oder interner Beobachter) und dem zu beobachtenden Objekt (ein sozialer Sachverhalt) abhängt. Ausserdem spielt die Unterscheidung, anhand derer die Beobachtung vorgenommen wird, eine grosse Rolle.

Wenn aber sowohl der externe als auch interne Beobachter die gleiche Unterscheidung wählen, anhand derer die Beobachtung erfolgt, und zu einem übereinstimmenden Ergebnis kommen, dass ein sozialer Sachverhalt als problematisch aufgefasst werden kann, geht man von der Existenz eines sozialen Problems aus. Diese Überlegung lässt jedoch folgende Aspekte offen: welche Unterscheidung soll gewählt werden und welche Sachverhalte sind als sozial anzusehen? Die Antworten von Silivia Staub-Bernasconi und Peter Lüssi auf diese Fragen werden unter anderem im folgenden Kapitel behandelt.

4.2 Systemtheoretische Konzepte als inhaltliche Aussagen einer Handlungstheorie Sozialer Arbeit

In einer Wissenschaft entstehen unterschiedliche Meinungen, Hypothesen und Theoreme über den Gegenstand dieser Wissenschaft.

In diesem Kapitel entschied ich mich, die Theorien und Gedankenkonstrukte von Peter Lüssi und Silvia Staub-Bernasconi über den Gegenstand Sozialer Arbeit, nämlich soziale Probleme, vorzustellen

Diese Entscheidung liegt darin begründet, dass, wie es Maja Heiner (1995c, S. 525) festhält, sich im deutschsprachigen Raum zwei Schwerpunkte der Rezeption der Systemtheorien in der Sozialen Arbeit herausgebildet haben: der sozialökologische und der kommunikationstheoretische Ansatz. Während im Rahmen des sozialökologischen Ansatzes eher feld- und strukturorientierte Analyse der Interdependenz sozialer Systeme erfolgt, untersucht man im Rahmen des kommunikationstheoretischen Ansatzes die Folgen zirkulärer Kommunikationsmuster, mit dem Ziel, die destruktiven Entwicklungen zu verhindern.

Heiner (1995c, S. 525) stuft Peter Lüssi als den Vertreter des sozialökologischen Ansatzes ein, da er seine Aufmerksamkeit auf die komplexen Wechselwirkungen verschiedener sozialen Felder richtet und viel Wert auf die Verknüpfung sozialer Systeme im Laufe des Problemlösungsprozesses legt. Darüber hinaus betont Lüssi (1992, S. 90) die Wichtigkeit der kleineren und mittlerer sozialen Einheiten wie Familie, Gruppen, Milieus und Organisationen, wobei der Familie eine immanente Bedeutung zukommt.

Zusammenfassend kann der Ansatz von Lüssi (1992) als strukturorientiert aufgefasst werden (vgl. Heiner 1995c, S. 525).

Als prozess- und kommunikationsorientiert kann hingegen der kommunikationstheoretische Ansatz definiert werden, in dessen Rahmen die Erkenntnisse der systemischen Familientherapie und systemische Kommunikationstechniken eingesetzt werden, um den eingefahrenen dysfunktionellen Strukturen entgegenzuwirken.

Es ist sicherlich einleuchtend, dass sowohl für die praktische Soziale Arbeit als auch für eine Handlungstheorie der Sozialen Arbeit die Verbindung des sozialökologischen Ansatzes mit dem kommunikationstheoretischen von Belang wäre.

Staub-Bernasconi (1986, 1995) entwickelte so einen prozessual-systemischen Ansatz, der die sozialökologischen und der kommunikationstheoretischen Elemente der Systemtheorie berücksichtigt, obgleich Maja Heiner (1995b, S. 440) anmerkt, dass die kommunikationstheoretischen Anteile bei Staub-Bernasconi zwar angelegt aber nicht ausgearbeitet sind.

Legt man die obigen Tatsachen zugrunde, so wird verständlich, dass im folgenden zunächst die Thesen von Peter Lüssi dargestellt werden, um dann die Theorie von Staub-Bernasconi zu erläutern.

4.2.1 Sammelbegriffe der Systemtheorie - Peter Lüssi

Vorab ist anzumerken, dass die nachfolgenden Ausführungen nicht zum Ziel haben, das Werk von Lüssi "Systemische Sozialarbeit" (1992) zusammenzufassen. Mir geht es darum, die systemtheoretischen Prinzipien von Lüssi sowie seine Überlegungen zum Gegenstand der Sozialen Arbeit darzustellen.

Bevor Lüssi seine Vorschläge zum Gegenstand der Sozialen Arbeit - sozialem Problem - und zur Aufgabe der Sozialen Arbeit - sozialer Problemlösung - zum Ausdruck bringt, geht er (1992, S. 65ff) auf die systemtheoretischen Perspektiven für die Sozialarbeit ein, die auch ein soziales Problem begründen können. Dabei rezipiert er die strukturfunktionalistischen Ansätze der Systemtheorie.

Das erste Element, das Lüssi (1992, S. 65f) anführt, ist die **Systemzugehörigkeit**. Hierbei betont der Autor die Angehörigkeit des Menschen zu verschiedenen Systemkategorien (der Organismus, die Persönlichkeit, die Kultur, das Soziale), die in etwa mit Wirklichkeitsbereichen von Staub-Bernasconi (1986, S. 53) vergleichbar sind. Die Hauptaufmerksamkeit von Lüssi gilt jedoch der Systemkategorie des Sozialen.

Die Systemzugehörigkeit macht erst sichtbar, dass „nicht die Eigenschaften der Akteure, sondern ihre Einbindung in eine Handlungsgemeinschaft (...) sowie ihre Abhängigkeit von einer bestimmten Ressourcenstruktur entscheidend sind“ (Heiner 1995c, S. 534).

Der Mangel an Systemzugehörigkeit stellt dabei ein Problem für die Betroffenen dar, das ggf. durch die Einführung der jeweiligen Personen in die natürlichen (Familie, Nachbarschaft, Gemeinwesen) oder künstlichen (Heim, Therapieeinrichtung) sozialen Netze gelöst werden kann.

Desweiteren richtet Lüssi (1992, S. 69ff) seinen Blick auf die **Systemfunktionalität**. Berücksichtigt man die Tatsache, dass die sozialen Systeme sinnbestimmte Funktionskomplexe sind und im Einzelfall den sinnentsprechenden konkreten Zweck erfüllen, wird verständlich, dass die Handlungen in einem sozialen System entweder seinem Sinn entsprechen oder ihm zuwiderlaufen können.

Die dem Zweck eines sozialen Systems zuwiderlaufenden Handlungen werden von Lüssi (1992, S. 70) als dysfunktionell bezeichnet.

Ein dysfunktionelles System hat drei Erscheinungsformen:

a) Funktionsausfall: Eine Funktion fällt aus, die zur Erfüllung des Systemzwecks notwendig ist. Dies kann u.a. durch den Ausfall eines Systemelementes geschehen.

b) Fehlfunktion: Der vom Systemsinn gegebene Systemzweck wird vom System nicht erfüllt. Die Systemelemente verhalten sich dabei aufeinander abgestimmt dysfunktionell.

c) Funktionskonflikt: Die Erreichung des Systemzwecks wird dadurch verhindert, dass die Systemelemente sich gegeneinander verhalten. Es handelt sich dabei um einen systeminternen Konflikt.

Bei dysfunktionellen Systemen hat die SozialarbeiterIn zur Aufgabe, die Funktionalisierung der betroffenen Systeme zu erreichen.

Die von Lüssi aufgestellten dysfunktionellen Arten ergänzt Heiner (1995c, S. 536), indem sie darauf hinweist, dass das negative Verhalten der Akteure so lange beibehalten wird, wie es für sie dennoch etwas (vermeintlich oder tatsächlich) Positives darstellt: nämlich den Erhalt des Systems. Daher schlägt Heiner (1995c, S. 536) vor, zu Analysen systemischer Prozesse folgende Fragen zu verwenden:

- „inwiefern trägt das Problem zum Erhalt des Systems bei und
- welche (vermeintlichen) Vorteile bieten die wiederkehrenden Konflikte oder/und der Status quo des Systems den Beteiligten trotz offensichtlicher Nachteile?“

Drittens beschreibt Lüssi (1992, S. 71ff) das Phänomen der **Systembeziehung**. Primär betrachtet er die Beziehungen zwischen sozialen Systemen. Im Analog zu drei Arten der System-Dysfunktionalität werden drei Arten der negativen - d. h. dem Sinn wenigstens eines der beteiligten Systeme nicht entsprechenden - Beziehungen dargestellt.

a) Mangelnde Systembeziehung ist dann gegeben, wenn keine Beziehung zwischen zwei oder mehreren Systemen besteht. Die SozialarbeiterIn soll dabei die betreffenden Systeme miteinander verknüpfen, insbesondere die Problemsysteme und Ressourcensysteme.

b) Zweckfremde Beziehung besteht dann, wenn die zwar reibungslos verlaufenden Interaktionen zwischen verschiedenen Systemen jedoch dem Zweck mindestes eines dieser Systeme zuwiderlaufen.

Dabei ist die Aufgabe der Sozialarbeit, die Umstrukturierung der ungleichen Systembeziehungen zu erreichen.

c) Systemkonflikt liegt dann vor, wenn die Systeme sich gegenseitig in ihrem zweckentsprechenden Agieren verhindern oder mindestens eines der beteiligten Systeme in seiner Zweckerfüllung verhindert wird. Die SozialarbeiterIn übernimmt dabei die mediatorische Funktion

Es sei an dieser Stelle darauf hingewiesen, dass die Termini der Dysfunktionalität und der negativen Beziehung in dieser Form bei Systemtheoretikern nicht vorzufinden sind. Es sind also Sammelbegriffe, die jedoch der systemtheoretischen Logik keinesfalls widersprechen und für die sozialarbeiterische Tätigkeit von immanenter Bedeutung sind.

Die systemische Problemkonzeption, ergänzt um die Thesen über problemrelevante Personen (Lüssi 1992, S. 92), beschreibt die Struktur des sozialen Problems in formeller Hinsicht.

Die sachliche Struktur eines sozialen Problems wird im folgenden erläutert.

Nach der Darstellung der systemischen Perspektiven wendet sich Lüssi (1992, S. 79ff) der Aufgabe der Sozialarbeit zu, die er als das Lösen sozialer Probleme definiert.

Konsequenterweise stellt Lüssi (1992, S. 79f) fest, dass es zu zunächst zu klären ist, was ein soziales Problem ist.

Diese Feststellung geschieht in drei Etappen: "erstens die Verengung auf die sozialarbeiterische (sozialberaterische) Dimension, zweitens die Verengung auf den sozialen Sachverhalt und drittens die Verengung auf das, was als soziales Problem ist" (Lüssi 1992, S. 80).

Die sozialarbeiterische Dimension impliziert die Eingrenzung der sozialarbeiterischen Tätigkeit auf die individuell-konkreten Problemfälle.

Die Begriffsbestimmung des sozialen Sachverhalts knüpft an die acht Bedürfnissobjekte des einzelnen Menschen an.

- Unterkunft (Obdach, Wohnung)
- Nahrung
- Gebrauchsdinge
- Geld
- Erwerbsarbeit
- Erziehung
- Betreuung (passiv)
- funktionelles Verhältnis zu notwendigen Personen

"Ein Sachverhalt, der massgeblichen Einfluss darauf hat, ob das Bedürfnis eines Menschen nach einem dieser acht Objekte befriedigt oder nicht befriedigt wird, ist im sozialarbeiterischen Sinne ein sozialer Sachverhalt" (Lüssi 1992, S. 81).

Ein sozialer Sachverhalt impliziert aber nur dann ein Problem, wenn ihm folgende Merkmale innewohnen:

a) Not

b) subjektive Belastung

c) Lösungsschwierigkeit

Zu a) Von wem ein Notzustand als solcher aufgefasst wird, ist sicherlich nicht eindeutig. Lüssi (1992, S. 84) geht davon aus, dass die herrschende Durchschnittsmeinung ein Massstab dessen ist, wann einer Person durch den betreffenden sozialen Sachverhalt an einem oder mehreren sozialen Bedürfnissen in einem nicht zumutbaren Ausmasse fehlt.

Bei materiellen Bedürfnisobjekten stellen ausserdem die Sozialhilfesätze, Unterhaltsgrenzen usw. eine Orientierungshilfe hinsichtlich der Feststellung eines Notzustandes dar.

Bei immateriellen sozialen Objekten soll die SozialarbeiterIn die in einer Gesellschaft gültigen Soll-Normen betrachten und anhand ihrer gesellschaftsdurchschnittlichen Realisierbarkeit eine Entscheidung zur Feststellung eines Not-Zustandes treffen.

Zu b) Die subjektive Belastung soll darauf hinweisen, dass bei einem sozialen Sachverhalt seine objektive Einstufung als ein soziales Problem nicht ausreicht. Es bedarf der subjektiven Einschätzung einer Situation als ein soziales Problem mindestens durch einen der Beteiligten. Das subjektive Leiden setzt die Anerkennung eines Notzustandes auf der tieferen, durch operationale Geschlossenheit determinierten Ebene eines psychischen Systems voraus.

Zu c) Lösungsschwierigkeit eines sozialen Problems macht erst die professionelle Hilfe einer SozialarbeiterIn notwendig und auch m. E. das soziale Problem zum Gegenstand einer Wissenschaftsdisziplin. (Zu den obigen Ausführungen vgl. Lüssi 1992, S. 86ff.)

Nach der hinreichenden Bestimmung eines sozialen Problems definiert Lüssi (1992, S. 119f) die soziale Problemlösung als eine sozialarbeiterische Berufsaufgabe, die durch mediatorische, kompensatorische, protektive und motivatorische Tätigkeit der SozialarbeiterIn erfüllt werden kann. Zur gesellschaftlichen Funktion der Sozialen Arbeit und sozialen Wertorientierung verweise ich auf Kapitel 3.2.2 und 3.2.3 dieser Arbeit.

Schliesslich betont Lüssi (1992, S. 134ff) die charakteristischen Momente der sozialen Problemlösung: offene Prozesshaftigkeit, Banalität und Komplexität, das Arbiträre, Optimierung im Negativen und das Paranormale. Alle diese Charakteristika sind durch das Wesen des sozialen Problems determiniert.

In Abbildung 1 stellte ich die oben beschriebenen Merkmale der systemtheoretischen Konzepte und die Thesen zur Gegenstands- und Aufgabenbestimmung Sozialer Arbeit von Lüssi graphisch dar, um eine bessere Orientierung zu ermöglichen.

Abbildung 1: Sammelbegriffe der Systemtheorie - Peter Lüssi

Die Aufgabe der Sozialen Arbeit als soziale Problemlösung											
Das soziale Problem								**Die soziale Problemlösung**			
Begriff des sozialen Problems (sachlich)			Struktur des sozialen Problems (formell)					Soz. Problemlösung als SA-Berufsaufgabe	Die Vier Funktionen der Sozialarbeit	Soziale Wertorientierung und gesellschaftl. Funktion	Charakteristische Momente der SA-Problemlösung
SA*-Dimension	Sozialer Sachverhalt	Problemmerkmale	Systembeziehung	Systemfunktionalität	Systemzugehörigkeit	Problemrelevante Personen			**m**ediatorische Funktion	**W**as sind soziale Werte ?	**o**ffene Prozeßhaftigkeit
Individ. Probleme als Handlungsbereich der Sozialberatung	8 Bedürfnisobjekte: **U**nterkunft **N**ahrung **G**ebrauchsdinge **G**eld **A**rbeit **E**rziehung **B**etreuung (passiv) funkt. Verhältnis zu notwend. Personen	**S**ubjektive Belastung **N**ot **L**ösungsschwierigkeit	*Problematisch:* **m**angelnde Systembeziehung **z**weckfremde Systembeziehung **S**ystemkonflikt	*Problematisch:* **F**unktionsausfall **F**ehlfunktion **F**unktionskonflikt	*Problematisch:* Mangel an Systemzugehörigkeit	Dritte **P**roblembelastete **P**roblemzuträger **h**elfende Dritte	Problembeteiligte **P**roblembelastete **P**roblemzuträger **K**lienten		**k**ompensatorische Funktion **p**rotektive Funktion **m**otivatorische Funktion	**S**A als gesellschft. beauftragter Beruf **A**llgemeine gesellschaftliche Funktion der Soz. Arbeit **R**essourcenzuteilung, Konfliktlösung, Integrationshilfe	**B**analität **K**omplexität das **A**rbiträre **O**ptimierung im Negativen das **P**aranormale

* SA - Sozialarbeit, sozialarbeiterisch, SozialarbeiterIn

4.2.2 Gerechter Austausch auf Grundlage der Prozess- bzw. Systemtheorie - Silvia Staub-Bernasconi

Die Handlungstheorie der Sozialen Arbeit hat nach Meinung von Staub-Bernasconi (1995, S. 136) zur Aufgabe, "Prozesse des Mitempfindens, der sozialen Empathie, Lernmotivierung und Fürsorglichkeit mit Prozessen der distanzierenden kognitiven Analyse, Wertsetzung wie der Machtausübung im Sinne fairer Kontrolle und gerechter Zuteilung von Ressourcen kombinier-, lern- und gestaltbar zu machen".

Die so verstandene systemtheoretische Handlungstheorie Sozialer Arbeit von Silvia Staub-Bernasconi basiert nicht auf den strukturfunktionalistischen Ansätzen der Systemtheorie, wie es bei Lüssi (1992) der Fall ist und auch nicht auf den Theorien von Maturana, Varela und Luhmann, wie es bei Maja Heiner (1995b, 1995c) vorzufinden ist.

Bei der Ausarbeitung ihrer Theorie Sozialer Arbeit greift Staub-Bernasconi (1995, S. 117ff) auf die Erkenntnisse einer Prozess- und Systemtheorie von Laszlo (1972, 1991), Heinz (1974) Obrecht (1994, 1991) und Bunge (1981) zurück.

Die Prozess- und Systemtheorie geht von der Hypothese einer naturalistischen Ontologie aus, also von der Annahme einer unabhängig vom Beobachter existierenden Welt.

Eine systemische Ontologie hat weiterhin zum Ausgangspunkt den Terminus des konkreten Systems.

"Ein System ist "etwas", das aus einer Anzahl von Komponenten besteht (Zusammensetzung), die untereinander eine Menge von Beziehungen unterhalten (interne Struktur), die sie untereinander mehr binden als gegenüber anderen "Dingen", so dass sie sich gegenüber dem Rest der Welt abgrenzen (Umwelt). Mit seiner Umwelt ist ein System über jene (schwächeren) Beziehungen verbunden, die seine Komponenten mit Systemen ausserhalb von ihm unterhalten (externe Struktur)" (Staub-Bernasconi 1995, S. 127).

Im Sinne der systemischen Ontologie soll alles, was existiert, entweder ein System oder eine Komponente des Systems sein und steht damit in Beziehung zueinander (Raumkomponente).

Die Vielzahl der Systeme und der Komponente der Systeme ist ein Resultat eines Differenzierungsprozesses (Evolution/Geschichte), der (1) auf der Fähigkeit konkreter "Dinge" zur Selbstorganisation und (2) auf dem Auftreten neuer (Emergenz) und dem Verlust alter Eigenschaften (Submergenz) bei der Entstehung neuer Systeme (Differenzierung) beruht. Also alles, was existiert, ist im Wandel und durch prozesshaftigen Charakter charakterisiert (Zeitkomponente).

Im Laufe dieses Differenzierungsprozesses entstanden viele unterschiedliche Systemarten (physikalische, chemische, biologische, psychische, soziale, kulturelle), die jede für sich spezifische Eigenschaften und Gesetzmässigkeiten aufweisen und sich dadurch von anderen Systemarten unterscheiden.

Diese Arten von Systemen sind miteinander in einer genetisch-historischen (Evolution) und in einer aktuellen Hinsicht (aus Subsystemen bestehende, auf der anderen Ebene selbst umfassten Suprasysteme) verbunden (vgl. Staub-Bernasconi 1995, S. 127f).

Menschen sind dabei auch Systeme: selbstwissensfähige Systeme, die danach streben, ihre biologischen, psychischen, sozialen und kulturellen Bedürfnisse zu befriedigen (auf die Übereinstimmung mit den Systemkategorien von Lüssi (1992, S. 66) sei hingewiesen).

Das menschliche Gehirn bildet in so einem Biosystem das psychobiologisches Sybsystem, dessen Grundstruktur zwar genetisch festgelegt ist, ihm es aber gleichzeitig erlaubt, nicht festgelegt zu sein, sich also weiter zu entwickeln und dazu zu lernen (vgl. Staub-Bernasconi 1995, S. 128).

M. e. kann jedoch eine Entwicklung, ein Lernprozess nur dann stattfinden, wenn das System intern bereit ist, die neuere Informationen, neue Zufuhr von Materie und Energie aufzunehmen.

Der Lernprozess in einem System ist also durch Struktur (auch jene des Gehirns) und Organisation dieses Systems begrenzt.

Man könnte sogar weiter gehen und behaupten, dass die genetische Struktur bei Bunge (1981) und Obrecht (1994) mit der operationalen Geschlossenheit der Systeme bei Maturana & Varela (1982) vergleichbar ist.

Um die oben angesprochenen Bedürfnisse zu befriedigen, sind die Menschen auf die anderen Menschen und Gesellschaft angewiesen. Die Mitmenschen und Gesellschaft werden bei Staub-Bernasconi (1995, S. 131) als soziale Systeme aufgefasst: "Soziale Systeme sind konkrete Systeme mit menschlichen Individuen, d. h. mit lern- und selbstwissensfähigen Biosystemen, und diese wiederum mit plastischen Nervensystemen als deren Komponenten".

Menschen werden in die soziale Systeme sozusagen hinein geboren, wobei mit dem Erwachsenwerden auch die Zahl der relevanten sozialen Systeme wächst. Indem die Menschen bestimmte Funktionen in sozialen Systemen übernehmen, besetzen sie unterschiedliche Rollen.

Die Rollenkomplementarität, -konkurrenz und -indifferenz ist durch die Struktur der relevanten sozialen Systeme bedingt, denn die Struktur eines sozialen Systems erlaubt, bestimmte Ziele zu erreichen oder/ und Verhaltensweisen an den Tag zu legen, während die anderen Ziele und/oder Verhaltensweisen ausgeschlossen werden.

Da die Menschen aber im Laufe ihrer Entwicklung ihre Ziele beibehalten, ändern oder aufgeben, verhalten sie sich auch dementsprechend den sozialen Systemen gegenüber: die Mitgliedschaften, Rollen und Positionen werden überdacht, modifiziert, aufgegeben. Werden die Mitgliedschafts-, Positions-, Austausch- und Bewertungsleistungen von und zwischen interagierenden Individuen erbracht, entstehen die soziokulturellen Systeme, deren Strukturregeln es erlauben, "die Bedürfnisse ihrer Mitglieder maximal, weitgehendst, teilweise, d.h. selektiv und minimal zu befriedigen oder gar zu negieren und - je nach Interesse und Macht - mit oder ohne direkte Gewalt zurückzubinden. Die sich daraus ergebenden sozialen Probleme bezeichnen wir als Ausstattungs-, Austausch-, Macht- und Kriterienprobleme" (Staub-Bernasconi 1995, S. 133).

Den Begriff des sozialen Problems überhaupt bezeichnet Staub-Bernasconi (1995, S. 105) als den Gegenstand oder den von der Sozialen Arbeit zu betrachtende Wirklichkeitsausschnitt.

Die Probleme entstehen dadurch, dass die Bedürfnisse und die Wünsche von Menschen unerfüllt bleiben, und manifestieren sich als "in Bilder, Begriffe erfasstes und bewertetes stummes, subjektives Leiden von Menschen in und an der Gesellschaft und Kultur (...)" (Staub-Bernasconi 1995, S. 105).

Hierbei ist es nicht zu übersehen, dass das Verständnis vom sozialen Problem bei Staub-Bernasconi mit dem von Lüssi (1992) vergleichbar ist: Lüssi knüpft die Begriffsbestimmung des sozialen Problems auch an die Bedürfnisse des Menschen an.

Soziale Probleme bedeuten, dass entweder das Problem selber eine soziale Dimension aufweist, z.B. Arbeitslosigkeit, Isolation oder das Problem durch einen sozialen Mechanismus entsteht, z.B. ungleicher Zugang zu Bildungschancen.

Hiermit wird m.E. die Aufgabenabgrenzung der Sozialen Arbeit zu anderen Berufen vorgenommen, da mit der These des sozialen Problems die ureigene Domäne der Sozialen Arbeit beschrieben wird.

Systemische Soziale Arbeit ist in dieser Hinsicht eine gesellschaftliche Antwort auf Problemkonstellationen, in denen die Betroffenen nicht genug sozialökologische, psychische, soziale und kulturelle Ressourcen zur Befriedigung ihrer Bedürfnisse haben. Bedürfnisse, deren Befriedigung notwendig ist, um den Erhalt und die Entfaltung des Menschen zu erreichen, nennt Staub-Bernasconi (1995, S. 134) Grundbedürfnisse. Diese Grundbedürfnisse sind unabhängig vom kulturellen oder politischen Konsens zu befriedigen (vgl. Staub-Bernasconi 1995, S. 134).

Die Entstehung der sozialen Probleme als Gegenstand oder Wirklichkeitsausschnitt der Sozialen Arbeit wird von Staub-Bernasconi (1995, S. 135) dadurch erklärt,:

"a) dass wir die anderen für unser Überleben, die Befriedigung unserer Bedürfnisse und Wünsche brauchen und die andern uns für ihr

Überleben und mithin die Befriedigung ihrer Bedürfnisse und Wünsche brauchen,

b) dass diese Bedürfnisse unterschiedlich elastisch sind,

c) dass wir in sozialen Systemen leben, in denen mit unterschiedlichen, realen wie künstlich hergestellten Knappheiten in bezug auf unterschiedlich elastische Bedürfnisse - die Grundlage für Macht - umgegangen werden muss,

d) dass gleichzeitige die individuellen Wünsche grenzenlos sein und mithin deren Erfüllung die Befriedigung der Bedürfnisse anderer Menschen beeinträchtigen können,

e) dass wir anderen Leid zufügen oder helfen, andere ausschliessen, bekämpfen oder mit ihnen kooperieren können,

f) dass wir als lernfähige, bewusste Individuen Probleme überhaupt feststellen, zwischen wahr, richtig und falsch unterscheiden können und innerhalb bestimmter Grenzen frei sind, das Richtige, Wahre oder Falsche zu wählen,

g) dass wir schliesslich für die Befriedigung unserer Bedürfnisse und Wünsche behindernde oder begrenzende Regeln/Normen durchsetzen und mithin behindernde oder begrenzende Machtstrukturen aufbauen können".

Um die oben beschriebenen sozialen Probleme in raum-zeitlicher Hinsicht zu erfassen und zu beschreiben (Gegenstandswissen), soziale Probleme zu erklären (Erklärungswissen), soziale Probleme anhand von Kriterien zu be- und verurteilen und daraus Zielsetzung vorzunehmen, soziale Probleme in erwünschte Sachverhalte zu verwandeln (Verfahrenswissen) und zu kontrollieren, ob das gesetzte Ziel erreicht werden konnte, entwickelte Staub-Bernasconi ein Model für eine ganzheitliche Betrachtungs- und Arbeitsweise der Sozialen Arbeit (vgl. Staub-Bernasconi 1986, S. 8f).

Staub-Bernasconi (1986a, S. 119-181; 1994, S. 15ff) teilt die Lebenswelt in sechs Bereiche auf, in denen es die sozialen Probleme geben kann:

a) Sozio-materieller Bereich, der Körper, Güter und ökologische Umwelt umfasst. In diesen Bereich sind die physiologischen Bedürfnisse wie Essen, Trinken, körperliche Unversehrtheit und die Bedürfnisse nach materiellen und immateriellen Gütern wie Kleidung, Obdach einzusiedeln.

b) Reflexiver Bereich, der Wahrnehmung und Erkenntnis umfasst. In diesen Bereich sind die kognitiven Bedürfnisse wie Aufnahme und Verarbeitung von Informationen und Erkenntnissen einzustufen.

c) Ideell-symbolischer Bereich umfasst Denkmodelle, Bilder und Symbole. In diesen Bereich fällt das Bedürfnis nach Sinn und Orientierung im Alltag, im Leben, in einer unendlich komplexen Welt.

d) Aktiver-produktiver Bereich umfasst Handeln und Gestalten, so dass in dessen Rahmen die Bedürfnisse nach gestaltender, zweckgerichteter Aktivität, bzw. Handlungskompetenz befriedigt werden können.

e) Bereich sozialer Beziehungen impliziert das Gefühl des Verbundenseins, Mitgliedseins (von zahlreichen sozialen Systemen), Kontakthabens. Diesem Bereich entsprechen Bedürfnisse nach körperlichen, sinnstiftenden und produktiven Beziehungen zu anderen Individuen.

f) Bereich der Machtquellen umfasst physische Kraft, Ressourcenmacht und Positionsmacht. Im Rahmen dieses Bereichs kann die Befriedigung oder die Verweigerung der Befriedigung der Bedürfnisse nach Macht im Sinne vom Besitz, der Kontrolle, der Entscheidung über bestimmte Ressourcen erfolgen.

Diese sechs Bereiche sind unter vier Aspekten zu analysieren:

a) Ausstattung eines Individuums als seine "Teilhabe von Individuen an den gesundheitsbezogenen, medizinischen, psychischen, sozialen und kulturellen Ressourcen oder Errungenschaften einer Gesellschaft" (Staub-Bernasconi 1994, S. 15).

b) Austausch bedeutet, dass die "Menschen zur Befriedigung ihrer Bedürfnisse und Wünsche (...) auf andere Menschen und deshalb auf Austauschbeziehungen angewiesen sind" (Staub-Bernasconi 1994, S. 20).

c) Verknüpfung/Macht

Die Verfügung über Machtquellen bestimmt den Zugang zu sozioökonomischen und weiteren Ressourcen als auch zu Teilsystemen (vgl. Staub-Bernasconi 1994, S. 24).

d) Als Kriterien/Wertfindung werden diejenigen Grössen bezeichnet, die bestimmte wünschbare Problemlösungsvorstellungen für problematische Sachverhalte darstellen (vgl. Staub-Bernasconi 1994, S. 41).

Die bereits oben definierten sozialen Probleme können in allen sechs Bereichen und auf allen Ebenen menschlicher Wirklichkeit entstehen:

a) Ausstattungsprobleme: "Probleme nicht erfüllter Bedürfnisse und legitimer Wünsche, behinderten Lernens und mithin unzureichender Ausstattung von Menschen bei gleichzeitig überfüllten Wünschen anderer Menschen und Gruppen - bis hin zur Luxusausstattung" (Staub-Bernasconi 1995, S. 105f).

b) Austauschprobleme: "Probleme asymmetrischen Gebens und Nehmens und damit von Austauschbeziehungen, die nicht auf Gegenseitigkeit beruhen" (Staub-Bernasconi 1995, S. 106).

c) Verknüpfungs- und Machtprobleme: "Probleme behindernder Machtverhältnisse" (Staub-Bernasconi 1995, S. 106).

d) Kriterien- und Wertfindungsprobleme: "Probleme nicht erfüllter, zerstörter, fehlender oder willkürlich gehandhabter Werte und Kriterien" (Staub-Bernasconi 1995, S. 106).

Soziale Arbeit hat in Anbetracht der obigen Problemarten die verschiedenen "Logiken" des Gebens (Liebe als Nähe, Empathie, Beistand, Schutz) und Nehmens (Macht als Distanz, kognitive Dezentrierung, Forderung, Kontrolle) in ein komplexes, sich gegenseitig bedingendes Verhältnis zu bringen (vgl. Staub-Bernasconi 1995, S. 107)

Die anzustrebenden und zu verwirklichenden Werte und Kriterien sind für die sechs Lebensbereich jeweils auf den vier Ebenen zu analysieren:

a) Ausstattungsprobleme: Soziale Gerechtigkeit, Rechtsgleichheit, Bewusstheit (Echtheit, Selbstkongruenz, Wahrheit, Richtigkeit), Sinn- und Zweckhaftigkeit, Leistungsfähigkeit (Wertrationalität, Funktionalität, Effizienz), soziale Unentbehrlichkeit.

b) Austauschprobleme: Tauschgerechtigkeit (gerechter Güterrausch, Solidarität und Nächstenliebe, Verständigung, Partizipation).

c) Verknüpfungsprobleme: Umwandlung von Behinderungsmacht in Begrenzungsmacht.

d) Kriterienprobleme: Überschreiten des "Gegebenen" als menschliche Möglichkeit und Freiheit (Staub-Bernasconi 1983b, S. 309).

Weiterhin weist Staub-Bernasconi (1995, S. 136) darauf hin, dass das im Rahmen und aus der Handlungstheorie zu entwickelnde Instrumentarium, also ganzheitliches Methodenkonzept, individuum-, system-, situations- und problemangemessene, also variable Verknüpfungen, ermöglichen muss.

An einer anderen Stelle stellt Staub-Bernasconi (1983b) ein Handlungsmodell vor, dessen Aufbau dem Aufbau ihrer Handlungstheorie Sozialer Arbeit mit fünf Wissensebenen (Gegenstands-, Erklärungs-, Wert-, Verfahrens- und Funktionswissen) gleicht.

Engelke (1992, S. 301) merkt an, dass die Fragen des Handlungsmodells jeweils einen Reflexions- und/oder Handlungsschritt auf das jeweils vorliegende soziale Problem eröffnen.

Diese Schritte seien im folgenden dargestellt:

"WISSEN AUS PROBLEM-ALLTAG & ALLTAGS-PRAXIS
ALLTAGS-PROJEKTE

1. WAS: Beschreibung - Bilder/Daten
2. WARUM: Erklärung - Allgemeine Theorien
3. WORAUFHIN: Bewertung - Werte/Kriterien
4. WER I: Akteurbezogene Beschreibung und Erklärung - Handlungstheorien

(...)

5. WER II: SozialarbeiterInbezogene Beschreibung und Erklärung - Handlungstheorien

6. WOMIT: Bestimmung von Arbeitsweisen/Strategien - Problem- & Ressourcenbezogene Arbeitshypothesen
7. WIE: Bestimmung von Handlungsanweisungen - Pläne & Techniken
8. OB: Auswerten

PRAXIS DER WISSENSCHAFTLICHEN HANDLUNGSTHEORIENENTWICKLUNG UND INTEGRATION"

(Staub-Bernasconi 1983b, S. 290)

Die von Staub-Bernasconi (1995, S. 175ff) beschriebenen problembezogenen Arbeitsweisen und Strategien Sozialer Arbeit bestimmen sich nach den Lebensbereichen, in denen soziale Probleme existieren und fortbestehen können:

a) Soziale Ausstattungsprobleme: Ressourcenmobilisierung (Mikrobereich: Sachhilfe und Anwaltsplanung; Meso- und Makrobereich: Sozialplanung und Sozialpolitik), Bewusstseinsveränderung (Mikrobereich: Bildung und Bewusstseinsbildung; Meso- und Makrobereich: Bildung und Bewusstseinsbildung), Modellveränderung/Innovation, Handlungstraining (Mikrobereich: Verhaltenstraining und Kreativitätshilfen; Meso- und Makrobereich: Partizipationstraining und Kreativitätshilfen).

b) Soziale Austauschprobleme: Austausch- und Vernetzungsstrategien.

c) Soziale Verknüpfungsprobleme: Neuorganisation der Ressourcenverteilung, Neuorganisation der sozialen Anordnung von Menschen (Mitbestimmung, Selbstverwaltung) Neuorganisation der kollektivierten Übereinkünfte, Neuorganisation der Anwendung von Erzwingungsmacht und -gewalt.

d) Soziale Kriterienprobleme: Anrufungsstrategien, Mitwirkung bei der Schaffung bzw. Veränderung von Kriterien, Aufdeckung von Willkür - Anrufung der Öffentlichkeit (Staub-Bernasconi 1983b, S. 310-311; 1986 S. 52).

Die obige Vielzahl der Arbeitsprinzipien und Strategien sozialer Arbeit macht sichtbar, dass die SozialarbeiterIn auf den unterschiedlichen sozialen Systemebenen (Individuum, Familie, Gruppe, Gemeinwesen, Organisation) zu agieren hat. Staub-Bernasconi (1995, S. 136) betont jedoch, dass dies nicht die Allzuständigkeit bedeutet, sondern ein Berufsverständnis von der SozialarbeiterIn als von einer "spezialisierten GeneralistIn" impliziert. Für Staub-Bernasconi (1995, S. 136) erlaubt dieses Berufsbild, die Arbeitsteilung nach Problem, sozialem Niveau, Zielgruppe, Interventionsform usw. vorzunehmen, und bietet gleichzeitig - auf Grundlage der systemischen Metatheorie - Chancen für konzentriertes Denken und Arbeiten.

Ob diese Chancen genutzt werden können, hängt von den SozialarbeiterInnen und -wissenschaftlerInnen selbst ab, denn nur das Erproben, kritische Auseinandersetzung und Analyse mit der Sozialen Arbeit als Profession und Wissenschaft und insbesondere mit ihrer Handlungstheorie kann zu deren Entwicklung und Etablierung beitragen.

In diesem Sinne: "Träume, Utopien und Handlungstheorien müssen an der Praxis, der Erfahrung scheitern können, um neuen Träumen, differenzierteren Utopien, angemessenere Theorien und menschen- wie gesellschaftsgerechteren Lebensformen Platz zu machen" (Staub-Bernasconi 1986, S. 59).

4.3 Methodisches Handeln in der Sozialen Arbeit unter Berücksichtigung der systemtheoretischen Erkenntnisse

In diesem Kapitel geht es darum, die Methoden des Problemlösungsprozesses in der Sozialen Arbeit zu beschreiben. Engelke (1992, S. 31) definiert Methoden als Wege des Erwerbes von wissenschaftlichen Erkenntnissen.

In der Sozialen Arbeit aber gewinnt der Begriff der Methoden auch an der praktischen, handlungsfeldorientierten Bedeutung. Die Entwicklung einer systemischen Handlungstheorie sozialer Arbeit könnte sogar durch das praktische Vorgehen insoweit gefördert werden, dass die Evaluations- und Reflektionsphase wie die Feldanalyse die Aussagen und Erkenntniswerte über den Gegenstand einer Handlungstheorie der Sozialen Arbeit - über soziale Probleme - liefern und damit der Sozialarbeitswissenschaft dienen können.

Im Kapitel 3.4 dieser Arbeit ist eine allgemeine Definition des methodischen Handelns gegeben worden. In diesem Teil gilt es nun festzustellen, welche Eckpfeiler einer handlungsfeldübergreifenden Methodik Sozialer Arbeit aus systemischer Sicht zu unterscheiden sind.

Maja Heiner (1995a, S. 35) zählt hierzu folgende Elemente auf:

a) Handlungsfeldanalysen, die für das Erfassen sowohl der Lebenszusammenhänge der KlientInnen als auch der verfügbaren Ressourcen zur Problemlösung geeignet sind.

b) Handlungsprozessmodelle, die den Interaktionsprozess strukturieren sollen und von einer bestimmten Folge der Interventionsschritte ausgehen.

c) Handlungsregeln, die die präskriptiven und erfahrungsbezogenen Aussagen zur Gestaltung der Interaktionsprozesse enthalten und die Entscheidungen für die angesichts knapper materieller und immaterieller Ressourcen notwendige Prioritätensetzung begründen.

Im folgenden seien diese Eckpfeiler der Methodenlehre aus der systemorientierten Perspektive dargestellt.

Zu a) Menschen können als lebende Systeme aufgefasst werden die sich als soziale Wesen in Ko-Existenz und Ko-Erleben mit den anderen Menschen erschaffen. Angesichts dieser Tatsache wird verständlich, dass ein richtiger Input in der Sozialen Arbeit nicht immer den richten Output zur Folge hat. Eine bestimmte Hilfeart, Interventionsmöglichkeit usw. garantiert also nicht die Stabilisierung des paranormalen Zustandes des sozialen Problems.

Diese Erkenntnis findet ihre Begründung in der Selbstorganisation und Selbstreferentialität der Menschen, denn Menschen "gestalten ihr Leben (...) geprägt durch ihre persönlichen Erfahrungen in einem bestimmten gesellschaftlichen und kulturellen Kontext und mit Bezug auf ihre spezifischen Ziel- und Wertvorstellungen" (Heiner 1995a, S. 35).

Folgerichtig ist bei einem Interventionsprozess zu beachten, dass es wegen der Komplexität, Interdependenz, Dynamik und des Eigensinns lebender und sozialer Systeme immer anders kommen kann, als man erwartet. Andererseits lässt sich festhalten, dass die Menschen als Mitglieder der zahlreichen sozialer Systeme sich auch gewissen Regeln des sozialen Zusammenlebens unterwerfen müssen, wollen sie ihre Ziele in Komplementarität mit den Gesellschaftszwecken erreichen. Die Interaktionspartner können also ein Mindestmass an Erwartbarkeit ihrem Gegenüber entgegenbringen, was auch die unendliche Komplexität der Welt zu reduzieren verhilft (vgl. Luhmann 1989b).

Diese Erwartbarkeit der Handlungen der anderen, dieses Vertrauen an die allgemeingültigen Regeln und Leitbilder ermöglichen erst das Verstehen, Interpretieren und eine eingeschränkte Prognose der Reaktion der KlientInnen in der Sozialen Arbeit (vgl. Heiner 1995a, S. 35f).

Eine systemisch denkende und handelnde SozialarbeiterIn soll in einem Interaktionsprozess auch die Tatsache beachten, dass die Interaktion einem zirkulären Muster folgt, d. h. das Verhalten von A wirkt über Reaktion von B wieder auf A rekursiv zurück.

Diese Zirkularität ist auch für die Interventionsprozesse massgebend. Unter dem Begriff "Intervention" wird - dem Gedankengang von Heiner (1995a, S. 36) zufolge - nicht die militärische Auslegung gemeint, sondern das "dazwischentreten" der Sozialen Arbeit, ihre mediatorische Funktion, z.B. zwischen der KlientIn und der Gesellschaft.

Will man diesem Konzept der Mediation gerecht werden und den systemischen Ansatz in die Methodik Sozialer Arbeit einbringen, bedarf es zunächst einmal einer Analyse des Handlungsfeldes.

Silvia Staub-Bernasconi (1994, S. 76ff) entwickelte zu diesem Zweck die Problemfindungs- und Analysekarten, die im folgenden vorgestellt werden.

aa) Die Problemkarte

Die Abbildung 2 zeigt die Problemkarte, die einer SozialarbeiterIn hilft, die AdressatInnen, Problemlagen und die zuständigen Organisationen eines Arbeitsfeldes zu erfassen.

Staub-Bernasconi (1994, S. 76) schlägt vor, diese Problemkarte mit den oder für die AdressatInnen der Sozialen Arbeit anzufertigen und sie ggf. nach dem Erhalt der zusätzlichen Informationen zu vervollständigen. Desweiteren macht die Autorin darauf aufmerksam, dass den sozialen Systemen keine Eigenschaften der psychischen Systeme wie Wahrnehmen, Denken, Fühlen usw. zugeschrieben werden dürfen.

Darüber hinaus ist bei dem Ausfüllen der Problemkarte zwischen dem Problemverständnis der KlientInnen, Akteure und der Problemdefinition der SozialarbeiterInnen zu differenzieren. Damit trägt Staub-Bernasconi (1994, S. 76) m. E. der Tatsache Rechnung, dass unsere Wahrnehmung immer subjektiv ist und sogar im Sinne des Autopoiesiskonzeptes keinem entsprechenden Vorgang in der Aussenwelt entspricht, so dass auch die Problemwahrnehmung sich je nach Wahrnehmungssubjekten unterscheidet[5]. Es wird von Staub-Bernasconi (1994, S. 76f) hervorgehoben, dass die Begriffe der Problemkarte im Zusammenhang mit theoretischem Bezugswissen zu sehen sind. Dabei wird m. E. das Nutzen der theoretischen Grundlage Sozialer Arbeit und die Wechselbeziehung im Verhältnis Theorie-Praxis sichtbar. Auch die Reduktion der Komplexität eines oder mehreren sozialen Phänomene wird mit der Problemkarte erreicht, obwohl die sich anhand der Karte möglicherweise ergebenden innovativen und ungewöhnlichen Lösungsmöglichkeiten durchaus als Komplexitätserweiterung eingestuft werden können.

---

5 Staub-Bernasconi (1995, S. 117ff) distanziert sich jedoch vom Autopoiesiskonzept und von der Theorie des Konstruktivismus ab, so dass die Verknüpfungen zwischen Autopoiesis und den Thesen von Staub-Bernasconi lediglich auf meine persönlichen Schlussfolgerungen zurückzuführen sind.

Abbildung 2: Die Problemkarte

Allgemeintheoretische Dimensionen von Individuen als Mitglieder sozialer Systeme	Problemdimensionen von Individuen als Mitglieder sozialer Systeme			
	Ausstattungsdimensionen und -probleme (Bedürfnisse als Basis)	Austauschdimensionen und -probleme (Tauschmedien als Basis)	Machtdimensionen und -probleme (Machtquellen als Basis)	Kriterien-Wertdimensionen und -probleme (Bedürfnisse, Werte als Basis)
Körperliche Ausstattung	Feld 1	Feld 7	Feld 13	Feld 19
Sozialökologische und sozioökonomische Ausstattung	Feld 2	Feld 8	Feld 14	Feld 20
Ausstattung mit Erkenntniskompetenzen	Feld 3	Feld 9	Feld 15	Feld 21
Ausstattung mit Bedeutungssystemen (Wissen)	Feld 4	Feld 10	Feld 16	Feld 22
Ausstattung mit Handlungskompetenzen	Feld 5	Feld 11	Feld 17	Feld 23
Ausstattung mit sozialen Beziehungen/ Mitgliedschaften	Feld 6	Feld 12	Feld 18	Feld 24

Staub-Bernasconi (1994,S.78) empfiehlt, zunächst Ausstattungsdimensionen und -probleme (Feld 1 bis 6) und Austauschdimensionen und -probleme (Feld 7 bis Feld 12) zu bearbeiten, um dann an die Macht- und Kriterienprobleme heranzugehen. Desweiteren gilt es, die allgemeineren Begriffe mit den Alltags- und theoretischen Begriffen zu verbinden. Auch die theoretischen Fragestellungen und Hypothesen können anhand der Problemkarte formuliert werden, so dass eine fachübergreifende Diskussion und Zusammenarbeit zustande kommen kann. Insbesondere der letzte Aspekt hebt den "Scharniercharakter" der Begriffe der Gegenstandsbestimmung Sozialer Arbeit, "die Beschreibungswissen mit Erklärungs-, Wert- und Verfahrenswissen zu einer problembezogenen Arbeitsweise verknüpfen" (Staub-Bernasconi, 1994, S. 76).

ab) Die Ressourcen- und Machtquellenübersicht als Entdeckungskarte

Die Abbildung 3 stellt eine von Staub-Bernasconi (1994, S. 79ff) entwickelte Entdeckungskarte für Ressourcen dar. In dieser Karte - anders als bei der Problemkarte - kommt die soziale Ebene hinzu, die auf die vorhandenen oder mangelnden Ressourcen aufmerksam macht. Stellt man die Frage nach dem Einfluss der Akteure bezüglich des Problems oder der Problemlösung, wird die Ressourcenkarte zu einer Entdeckungskarte für Machtquellen aufgrund von Ausstattungsmerkmalen. Die Machtquellen sind für die Durchsetzung von Ansprüchen und Forderungen von Belang und erlauben, die Machtstrukturen aufzubauen.

Die Analyse der Machtquellen schafft weiterhin die Grundlage für das sozialpolitische Agieren der SozialarbeiterInnen, die zumindest in ihrer Denkperspekitve die in der Abbildung 3 aufgeführten territorial und funktional organisierten Subsysteme einer Gesellschaft berücksichtigen sollen. Die Familie wird dabei als ein besonders wichtiger Teil der Gesellschaft aufgefasst, denn in der Familie überschneiden sich territoriale sowie funktionale Prinzipien.

Indem die SozialarbeiterIn die problem- und/oder machtrelevanten Akteure und sozialen Ebenen in die abgebildete Karte einträgt, lässt sie in den Problembeurteilungs- und Problemlösungsprozess die systemische, mehrdimensionale und multiniveaunale Sichtweise mit einfliessen, die im Endeffekt für das professionellere Handeln sorgt (zu diesen und obigen Ausführungen vgl. Staub-Bernasconi 1994, S. 79ff).

Abbildung 3: Die Ressourcen und Machtquellenkarte

Allgemeintheoretische Dimension		Körperliche Ressourcen	Sozioökonomische/ -ökologische Ressourcen	Erkenntnisbezogene Ressourcen	Wissens-Ressourcen	Handlungsbezogene Ressourcen	Auf soziale Beziehungen bezogene Ressourcen
Soziale Ebenen	Machtquellen	Physische Machtquellen	Sozioökonomische/ -ökologische Machtquellen	Artikulationsbezogene Machtquellen	Modellbezogene Machtquellen	Positionsbezogene Machtquellen	Organisationsbezogene Machtquellen
Weltgesellschaft	Transnationale Organisation						
Europa (EU)/ Region	Multinationale Organisation						
Region/ Kanton/ Bundesland	Organisation-en A B C						
Stadt/ Gemeinde	Organisation des Sozialwesens						
Gemeinde-/ Stadtrat	Betrieb/ Personalebenen						
Stadtteil	Abteilung (en)						
Siedlung/ Nachbarschaft	Team Arbeitsgruppe						
SozialarbeiterInnen PraktikantInnen							
Ehrenamtliche/ Freiwillige							
Hilfspersonal							
Familie/ Sippschaft							
Individuum (KlientInnen)							

zu b) Die oben dargestellten Handlungsfeldkarten strukturieren den Suchvorgang nach Problemlösungen in räumlicher Hinsicht. In zeitlicher Hinsicht gilt es, Augenmerk auf die Handlungsprozessmodelle zu richten, bei denen bestimmte Schritte Abschluss der vorherigen Schritte voraussetzen.

Schon in den frühen achtziger Jahren versuchten Pincus und Minahan (1980) ein auf Grundlage der systemischer Sichtweise aufgebautes Prozessmodell zu entwickeln.

Die Autoren gingen von acht Aufgabendimensionen aus. Für jede von diesen Aufgabendimensionen brauchen die SozialarbeiterInnen spezifische Fähigkeiten: "Sie müssen in der Lage sein (1) eine Problemanalyse zu erstellen, nachdem sie (2) entsprechende Informationen gesammelt haben. Ausserdem gilt es, (3) Kontakte aufzubauen und (4) Bündnisverhandlungen zu führen, um (5) Aktionssysteme zu bilden, sie (6) zu koordinieren und zu pflegen, um (7) Einfluss auszuüben. Nach Erreichung des Zieles wird (8) der Veränderungsprozess erkennbar beendet" (Heiner 1995a, S. 39).

Dieses Prozessmodell misst nach Meinung von Heiner (1995a, S. 39f) der Sozialen Arbeit eine mediatorische Bedeutung zu, denn in dessen Rahmen ist die Vermittlung auf mehreren Ebenen möglich: zwischen Einzelpersonen, Familien, Nachbarschaften, Subkulturen, Gruppen, Institutionen, Regionen.

Die Aktivitäten des Aktionssystems sind im obigen Modell nicht immer auf die KlientIn ausgerichtet, sondern können sich genauso gut auf die anderen problemrelevanten Personen richten. Aktionssystem impliziert grundsätzlich zwei Arten von Handlungen: Veränderungen der KlientInnen oder Veränderung von Diensten, bzw. Angebot von neuen Diensten.

Heiner (1995a, S. 40) integriert die Aufgabendimensionen von Pincus und Minahan sowie die anderen Modelle, deren Darstellung den Rahmen des Kapitels sprengen würde, in ihr systemisches, ganzheitliches, das professionelle Handeln als Mediation verstehendes Prozessmodell der Problembearbeitung:

1. Problemeingrenzung und -auswahl

Dieser Schritt muss bei jeder neuen Informationssammlung und -auswertung neu reflektiert und eventuell korrigiert werden.

Es gibt am Anfangen dort, wo die Hilfe dringend und notwendig ist, nichts auszusetzen, wenn die Probleme und Hilfeangebote hinreichend reflektiert werden.

2. Informationssammlung und -auswertung

Während dieser Phase ist die SozialarbeiterIn auf die Hilfe und Informationen der KlientInnen und KollegInnen in anderen Diensten angewiesen, denn die Informationssammlung und - auswertung bedarf adäquater Daten.

Bei diesem Arbeitsschritt kann es von Belang sein, zum früheren Arbeitsschritt zurückzukehren und ggf. die notwendige Korrektur der vorläufigen Problemdefinition oder neue Problemeingrenzung vorzunehmen.

Hierbei ist es wichtig zu fragen: Weiss ich genug ? Wo sind meine blinde Flecken ?

3. Kontaktaufnahme und Interessenabklärung

Während dieser Phase werden womöglich die ersten Ideen über Bildung der auf die Problemlösung ausgerichteten Aktionssysteme aufkommen. Hierbei ist auch zu hinterfragen, inwieweit ein gewähltes Vorgehen nur zu bestimmten Resultaten führen kann und welche Alternativen damit möglicherweise ausgeblendet werden.

4. Aufbau und Beeinflussung von Aktionssystemen

Heiner (1995a, S. 41) bezeichnet diesen Schritt als das Herzstück ihres Konzeptes: "Die Problemdefinition mag partiell falsch, die Informationssammlung lückenhaft und die (Zwischen)Auswertung fehlerhaft sein - wenn es nur gelingt, die richtigen Leute zusammenzuholen und für die Bearbeitung des Problems zu motivieren, so lässt sich dies alles noch ändern" (Heiner 1995a, S. 41).

Es gilt also in dieser Phase, die bestehenden Koordinations- und Abstimmungsgremien zu beeinflussen und/oder die Einzelpersonen zur Zusammenarbeit zu bewegen.

5. Unterstützung sozialer Austauschprozesse

Dabei pflegt die SozialarbeiterIn die Aktionssysteme, indem sie die Kommunikationsprozesse zwischen den Beteiligten, optimiert.

6. Auswertung und Rückkopplung der Ergebnisse

Damit sind sowohl der gemeinsame Rückblick, Bilanzziehung im Gespräch als auch die schriftlichen empirisch fundierten Selbstevaluationsmethoden und -studien gemeint, die oft eine klare Strukturierung eines Interventionsprozesses erst ermöglichen.

7. Ablösung und Auflösung des Aktionssystems

Hierbei sollte man festhalten, dass es zu einer Übereinstimmung kam, an einem Problem (vorläufig) nicht mehr weiter zu arbeiten. Es sei jedoch darauf hingewiesen, dass die Revidierbarkeit dieses Schrittes von Bedeutung ist, denn viele KlientInnen der Sozialen Arbeit oft mit wiederkehrenden Problemen zu tun haben und folgerichtig nicht nur einmal professioneller Hilfe bedürfen.

(Zu den einzelnen Schritten des Prozessmodells vgl. Heiner 1995a, S. 40)

Zu c) Einen Teil der Handlungsregeln für ein arbeitsfeldübergreifendes, generalistisches Modell des methodischen Handelns in der Sozialen Arbeit beschreibt Heiner an einer anderen Stelle (1994, S. 131) als "Arbeitsprinzipien".

Diese seien im folgenden kurz beschrieben:

„1) Zeitinseln für die Reflexion der Intervention während des Interaktionsprozesses schaffen.“ Aufgrund der Prozesshaftigkeit und Veränderbarkeit der Ereignisse in sozialen Systemen empfiehlt es sich, auch nach der Planungsphase, das Geschehen genau zu beobachten und zu analysieren. Kommt es zu einem unerwarteten Phänomen, ist es oft von Belang, durch Rekapitulation, Wiederholungsphrase etc. während eines Beratungsgesprächs für sich eine kurze Zeitpause zu schaffen und die anzuleitenden Interventionsschritte nochmals zu überdenken. Diese Zeitinseln dürfen nicht als ein Gegensatz zu der Empathie, sondern als Voraussetzung für diese begriffen werden (vgl. Heiner 1994b, S. 126ff).

„2) Den systemischen und sozialökologischen Charakter sozialer Prozesse beachten"

Sozialökologischer Ansatz betont stark überindividuelle Aspekte und bezieht sich vorrangig auf kleinere und mittlere soziale Einheiten wie die Familie, die Nachbarn, die ArbeitskollegInnen usw.

Im Mittelpunkt des sozialökologischen Handlungsmodells steht also nicht das isolierte Individuum, „sondern die Aktivierung von Ressourcen im sozialen Umfeld" (Heiner 1994b, S. 124). Die sozialökologischen Konzepte können als Scharniere zwischen Mikro- und Makrostrukturen aufgefasst werden.

Neben dem sozialökologischen Ansatz beschreibt Heiner (1994b, S. 125) den prozessorientierten Ansatz, der auch als eine gute Ergänzung zu den oben beschriebenen statisch-strukturellen Konzepten von Lüssi gelten kann. Bei dem prozessorientierten Ansatz wird der dynamische Charakter der Beziehungen zwischen relevanten Systemen hervorgehoben.

„3) Mehrdimensionalle, multiperspekitvische und zirkuläre Erklärungen mit den Beteiligten erarbeiten" Die einfachen linearen Ursache-Wirkung Erklärungsansätze reichen angesichts der Regelwirkungskreisen, Zirkularität und Vernetztheit sozialer Phänomen in sozialen Systemen nicht aus. Auch die verschiedenartigen Meinungen und Ansichten aller Beteiligten müssen berücksichtigt werden, denn nur so entsteht ein mehr oder minder objektives Bild von der Situation.

Ein und derselbe Sachverhalt kann in verschiedenen Perspektiven anders erscheinen: z.B. eine mögliche Arbeitslosigkeit des Mannes stellt für ihn ein psychisches und materielles Problem dar, während seine Frau womöglich eine Erleichterung durch seine Hilfe im Haushaltsbereich empfindet. Die SozialarbeiterIn soll bei der Problembeurteilung alle diese Aspekte berücksichtigen, da ansonsten die problemerhaltenden Faktoren übersehen werden können. Ausserdem ist bei dem obigen Arbeitsprinzip wichtig, dass die Erklärungen zum

Sachverhalt nicht von der SozialarbeiterIn allein erarbeitet werden, sondern in Zusammenarbeit mit den Beteiligten.

„4) Situationsdeutungen bis zum Eintreffen weiterer Informationen offenhalten." Hierbei wird darauf hingewiesen, dass die neuen Fakten das Verständnis von der Situation grundlegend verändern können. Die SozialarbeiterIn, die dieses Arbeitsprinzip nicht berücksichtigt, läuft Gefahr, durch voreilige Schlüsse zu der falschen Situationseinschätzung und falschen Vorgehensweise zu gelangen.

„5) Handlungen von KlientInnen und KollegInnen kontextbezogen interpretieren"

Die Handlungen von Personen mögen dem externen Beobachter als unlogisch, gefährlich oder sinnlos erscheinen. Für die betroffenen Menschen ist es aber vielleicht gar nicht möglich, sich unter gegebenen Umständen anders zu verhalten. Dabei ist es irrelevant, ob diese Umstände wirklich oder vermeintlich existieren.

„6) Biographische Erfahrungen und kulturelle Prägungen berücksichtigen"

Jeder Mensch ist bei seinem Denken und Handeln an seine Vergangenheit als Erfahrung gebunden. Ausserdem wird der Mensch als Angehöriger der Systemkategorie der Kultur von den Werten und Normen seines spezifischen Kulturkreises beeinflusst. Auch hier gilt: eine Handlung kann aus dem Kontext der persönlichen Sozialisationsgeschichte und der kulturellen Prägungen als konsequent und logisch erscheinen, während ein an diesem Erfahrungs- und Kulturgut nicht partizipierender Beobachter eine andere Ansicht zu vertreten vermag.

„7) Reziprozität der Perspektiven sichern und - so weit wie möglich - die Entwicklung symmetrischer Interaktionsprozesse fördern"

Da die lebenden Systeme durch die Prozesshaftigkeit gekennzeichnet sind, ist es von Belang, nicht nur einen Betrachtungsstandpunkt einzunehmen, sondern auch die Wechselbeziehung der Perspektiven sichern.

Die symmetrischen Interaktionsprozesse müssen m. E. schon am Anfang der Intervention gefördert werden. Darauf zielt auch die Forderung, die KlientIn dort abholen, wo sie steht. Als professionelle HelferIn hat die SozialarbeiterIn oft einen Wissens- und Diagnosevorsprung der KlientIn gegenüber. SozialarbeiterIn darf aber aufgrund dieses Vorsprungs die kognitiven und physischen Fähigkeiten der KlientIn nicht überschätzen oder sie unwissend zur Problemlösung zerren. Vielmehr sollen die SozialarbeiterIn und die KlientIn ihr Weg *gemeinsam* und partnerschaftlich zurücklegen.

„8) Institutionelle Zwänge gegenüber den KlientInnen offenlegen"

In dieser Arbeit ist es schon darauf hingewiesen worden, dass die Soziale Arbeit fast ausschliesslich im Auftrag der gesellschaftlichen Institutionen geleistet wird. Die Auftraggeber haben ihre eigene Vorstellungen über die Ziele und Werte Sozialer Arbeit.

Ausserdem behindern oft die latenten oder offenen Regeln der jeweiligen Einrichtung die SozialarbeiterInnen in ihrem problemlösenden Agieren. All dies soll die SozialarbeiterIn ihrem Klientel offenbaren, da ansonsten falsche Hoffnungen und unerfüllbare Erwartungen entstehen können.

„9) Arbeitsbündnis mit den KlientInnen fortlaufend überprüfen und erneuern"

Aufgrund der obengenannten institutionellen Forderungen können die KlientInnen bewusst oder unbewusst dazu gezwungen sein, sich den Anforderungen der Einrichtung anzupassen. Das kann aber dem Problemlösungsprozess schaden, denn die KlientInnen liefern in diesem Fall nicht die tatsächlichen Informationen, sondern versuchen sich vielmehr auf etwas einzustellen, was die SozialarbeiterIn von ihnen (vermeintlich) erwartet. Daher erscheint es notwendig, die Arbeitsbündnisse mit den KlientInnen und die Aktionssysteme fortlaufend zu analysieren und bei den dem Problemlösungsprozess zuwiderlaufenden Entwicklungen einzugreifen.

„10) Umfeldbezogene, ressourcenerschliessende, institutionsübergreifende integrierte Problemlösungen erarbeiten und multiniveaunal handeln"

Hierbei wird nochmals die Tatsache hervorgehoben, dass eine nur individuelle, auf Einzelperson ausgerichtete Problembeurteilung und

-lösung dem komplexen Bereich des Sozialen nicht gerecht wird. Es bedarf einer Suche nach Ressourcen sowohl im unmittelbaren Lebensfeld der KlientIn als auch in anderen relevanten Bezugssystemen. Darüber hinaus erfolgt in unserer arbeitsteiligen Gesellschaft auch eine gewisse Spezialisierung der verschiedenen Institutionen Sozialer Arbeit auf Teile der sozialen Problemlagen. Folgerichtig wird in solchen Fällen auch die Intervention lediglich teilbezogen sein und die wirkliche Problemlösung ausbleiben. Um dieser Tendenz entgegenzuwirken, schlägt Heiner (1994b, S. 131) vor, die institutionsübergreifenden, integrierten Problemlösungen erarbeiten und multiniveaunal handeln.

„11) Periodisch das vermeintlich Unwahrscheinliche und das befürchtete Unerwünschte in Erwägung ziehen"

Auf der kognitiven Ebene bewirkt das Befolgen von diesem Arbeitsprinzip die bessere Einschätzung der Bedingungen, unter denen es zu einem unerwünschten Ergebnis kommen kann.

Auf der emotionalen Ebene bedeutet dies die Entlastung des emotionalen Haushalts, denn die Auseinandersetzung mit dem Schlimmsten lässt die Ereignisse nachher nicht so schrecklich erscheinen, als ursprünglich gedacht (vgl. Heiner 1994b, S. 112).

„12) Die Bereitschaft zur Übernahme von Risiken und die Fähigkeit zum Handeln bei unvollständiger oder widersprüchlicher Information entwickeln"

Bei der Herausnahme des missbrauchten Kindes aus der Familie, der Intervention gegen den unter Alkoholeinfluss gewalttätig gewordenen Vater und bei vielen anderen Situationen müssen die professionellen Helfer handeln, ohne dass sie den Sachverhalt hinreichend erfasst und analysiert haben. Die SozialarbeiterInnen setzten aber (vorläufige) Ziele, indem sie sich für eine von Handlungsalternativen entscheiden und damit die anderen verwerfen (vgl. Heiner 1994b, S. 110).

„13) Gesellschaftliche Normalitätserwartungen, individuelle Bedürfnisse und Fähigkeiten der KlientInnen und institutionelle Anforderungen balancieren"

Gesellschaft als ein soziales System betrachtet das Individuum unter ihren eigenen Gesichtspunkten und stellt dem entsprechend gewisse Erwartungen an ihn. Die gesellschaftlichen Normalitätserwartungen können als die Durchschnittsmeinung der Gesamtheit aller Mitglieder der Gesellschaft aufgefasst werden. Das Individuum als ein nicht nur interdependentes, sondern auch als ein autonomes Wesen hat auch eigene Bedürfnisse und die Wunschvorstellungen. Eine Einrichtung der Sozialen Arbeit als ein Subsystem der Gesellschaft verfügt über eigene Anforderungen. Ganz im Sinne des dritten Anpassungskonzeptes von Engelke (1992, S. 104, vgl. ferner Kapitel 3.2.4 dieser Arbeit) soll die Soziale Arbeit dabei mediatorisch tätig werden und all diese widersprüchliche Erwartungen balancieren.

4.4 Forschung in der Sozialen Arbeit unter Anwendung der systemischen Betrachtungsweise

Will sich die Soziale Arbeit als die Wissenschaftsdisziplin etablieren, hat sie ihren Gegenstand - das soziale Problem und die Problemlösung - zu erforschen.

Es gilt also, nach neuen, unbekannten Erkenntnissen zum Gegenstand der Sozialen Arbeit zu suchen, darüber intellektuelle Entwürfe (Theorien) zu machen und diese Entwürfe an der Wirklichkeit sinnlich (Empirie) zu überprüfen.

Engelke (1992, S. 34) hält fest, dass das Forschen ein Sonderfall menschlichen Erkennens ist. Das soziale Problem muss also im Hinblick auf die Problemlösung beobachtet, begriffen, verstanden, erklärt, geordnet, vorhergesagt und überprüft werden. Dabei sucht der Forscher bewusst und systematisch Antworten auf eine eng gefasste Frage, so dass sein Vorgehen sich von der Alltagserkenntnissgewinnung unterscheidet (vgl. Engelke 1992, S. 35).

Die Berücksichtigung der systemtheoretischen Postulate erlaubt dem Forscher den Zusammenhang, die Vernetztheit und relevante Rahmenbedingungen des zu untersuchenden Objektes im Auge zu behalten.

Desweiteren wird einem systemtheoretischen Forscher sein eigener Einfluss auf den Prozess der Forschung klar, denn indem er die Fragestellung formuliert, verändert er - zumindest gedanklich - das System des zu untersuchenden Objektes und prädestiniert zum Teil die Antwort seiner Fragestellung, das Resultat seiner Forschung. Das zu erforschende Objekt der Forschung begründet mit dem Forscher ein neues System, dessen Eigenschaften mit dem ursprünglichen Objekt-System nicht voll isomorph sind.

Legt man die obigen Tatsachen zugrunde, so wird verständlich, dass die Forschungsergebnisse keinesfalls die genaue Abbildung des zu untersuchenden Gegenstandes liefern, sondern vielmehr die Produkte des Zusammenwirkens zwischen einem Forscher und einem von ihm zu untersuchenden Gegenstandes sind.

Dieses System **Forscher-das zu erforschende Phänomen** kann nach Engelke (1992, S. 35) auf drei Forschungsebenen entstehen:

a) Erforschen der sinnlichen Welt („empirische Forschung"). Die Fragestellung lautet dabei: Was ist los?

b) Entwickeln von Gedankenkonstrukten („Methoden- und Theorienforschung"). Dabei fragt sich der Forscher: Wie ist das zu erfassen? Wie ist das zu verstehen? Wie ist das zu erklären? Systemtheoretisch gesprochen werden dabei die Gedankensysteme nach den Regeln des jeweiligen auf der tieferen Ebene operational geschlossenen psychischen Systems gebildet.

Meines Erachtens ist das entscheidende Überprüfungskriterium dieser Gedankenmodelle nicht die Übereinstimmung mit der ontischen Wirklichkeit, sondern der Grad der Anpassung an die Wirklichkeit, der mit dieser Theorie oder These erreicht wird. Damit sind wir bei der nächsten Forschungsebene angelangt.

c) Überprüfen, wie bestimmte Theorie in der Praxis sind („Evaluationsforschung"). Dabei lautet die Forschungsfrage: Was hat die Anwendung der Erkenntnisse bewirkt? Zur systemorientierten Evaluationsforschung in der Sozialen Arbeit hat Heiner (1994, S. 102ff) beispielhafte Vorschläge gemacht.

Engelke (1992, S. 36) beschreibt nicht nur die Ebenen der Forschung, sondern differenziert auch drei Forschungsarten:

a) Die Grundlagenforschung. Es gilt also im Rahmen dieser Forschungsart die Grundlagen der Sozialen Arbeit zu erforschen, d.h. den Gegenstand Sozialer Arbeit ohne besondere Vorgabe unter die Lupe zu nehmen, darüber Theorien zu bilden und diese kritisch zu überprüfen. Es soll also hierbei die Forschung betrieben werden, die nicht von den praktischen Belangen Sozialer Arbeit abhängt.

b) Die Bedarfs- oder angewandte Forschung hat hingegen die praktische Sozialarbeit zum Untersuchungsobjekt. Die Praxis erteilt also die Forschungsaufträge an die Sozialarbeitswissenschaftler, so dass die in der Grundlagenforschung gewonnen Erkenntnisse zu Diensten der Praxis gestellt werden können.

c) Der Begriff der Praxisforschung weist insofern Unterschiede zum Begriff der angewandten Forschung, dass hierbei die Praxis beruflichen Handelns untersucht wird.

Der Ort der Forschung sind die Hochschulen. Da die sozialarbeiterische Ausbildung in der Bundesrepublik Deutschland jedoch meistens an den Fachhochschulen geschieht, sind die Fachhochschulen herausgefordert, sich als Forschungsstätten und Forschungspartner zu etablieren, zumal nach Salustowicz (1995, S. 11) die Fachhochschulen über ein bestimmtes Forschungspotential verfügen: „Ihr wissenschaftliches Personal kann auf eine akademische Ausbildung zurückgreifen, in der auch eine gewisse Forschungskompetenz vermittelt wurde".

Die Forderung der sozialarbeiterischen Forschung an den Fachhochschulen wird um so notwendiger, wenn man bedenkt, dass „Soziale Arbeit als Gegenstand von Theorie und Wissenschaft sich auch auf eine wissenschaftliche Methodologie und entsprechende Forschung mit Hilfe qualitativer und quantitativer Methoden abstützen wird. Dazu gehören eine Theorie des Beschreibens, Erklärens, Bewertens; ferner historische Forschung; Textanalysen, Verfahren des Fallverstehens, Kontext- und Strukturanalysen usw. Dazu kommen Problem- und Arbeitsfeldexploration, Verfahrens- & Projektevaluation u.a.m." (Staub-Bernasconi 1995, S. 139).

5. Schlussbemerkung

In der Einleitung zu dieser Arbeit hielt ich fest, dass die Einteilung der Welt in die Systeme und ihre Umwelt lediglich ein Gedankenkonstrukt ist, das uns dazu verhelfen sollte, die ontische (oder vermeintliche?) Wirklichkeit zu beschreiben, zu begreifen und bessere Anpassung an sie zu erreichen.

Diese Aussage stellt jedoch nur ein Konzept von vielen dar.

In der Systemtheorie bestehen die unterschiedlichen Richtungen, die auch zu unterschiedlichen Ansätzen einer systemisch konzipierten Handlungstheorie Sozialer Arbeit geführt haben.

So erforscht Maja Heiner (1995b, 1995c) vor allem den Nutzen und die Reichweite des Autopoiesiskonzeptes und der Theorie des weniger radikalen Konstruktivismus für eine Handlungstheorie Sozialer Arbeit.

Die konstruktivistische Auffassung vermag m. E. gute Dienste nicht nur auf dem Berufsfeld der SozialarbeiterInnen, sondern auch im alltäglichen Leben zu leisten. Der Gedanke, dass es an uns liegt unsere Wirklichkeit zu gestalten, ist nicht nur faszinierend. Vielmehr eröffnet er uns unglaubliche Perspektiven zur Erfüllung unserer Wünsche. Ob wir dann mit diesen erfüllten Wünschen glücklich werden, ist die andere Frage, denn, wie es Watzlalwick (1992) treffend festhielt, es gibt weder glückliche noch unglückliche Ereignisse; erst unser Denken macht sie dazu.

Daher kann ein soziales Problem nie von externen Beobachter allein als solches definiert werden. Es bedarf immer einer Ergänzung des „objektiven" Problemverständnisses um die subjektive Situationseinschätzung.

Hinsichtlich der „objektiven" Komponente des Problemverständnisses vertritt Peter Lüssi (1992) die gleiche Auffassung und nimmt in seine Definition des sozialen Problems das Merkmal der subjektiven Belastung auf, obwohl er sich in seinem Handlungsmodell nicht mit den autopoietischen und konstruktivistische Konzepten beschäftigt, sondern die strukturfunktionalistischen Ansätze der Systemtheorie zugrunde legt.

Silvia Staub-Bernasconi (1995) hingegen entwickelt ihre systemtheoretische Handlungstheorie der Sozialen Arbeit auf Grundlage des Systemverständnisses von Laszlo (1972, 1991), Bunge (1981), Heinz (1974) und Obrecht (1991,1994) und grenzt sich dabei gegen die Autopoiesistheorie und gegen den radikalen Konstruktivismus ab.

Die Rezeption der Systemtheorie in der Sozialen Arbeit erfolgt also keinesfalls homogen.

Es herrscht auch kein einheitliches Konzept darüber, was unter einer Handlungstheorie zu verstehen ist. Ich schloss mich in dieser Arbeit der Meinung von Staub-Bernasconi (1986, S. 9) an, dass eine Handlungstheorie mehr als nur ein Bestandteil der Methodik ist und als eine Wissenschaftsdisziplin definiert werden kann.

Mein Anliegen war es, die verschiedenen systemtheoretischen Ansätze in der Sozialen Arbeit (hauptsächlich von Staub-Bernasconi, Lüssi und Heiner) als eine Handlungstheorie der Sozialen Arbeit unter Anwendung der von Engelke (1992, S. 30ff) beschriebenen Organisationselemente von Wissenschaftsdisziplinen (Gegenstand, inhaltliche Aussagen, Methodik und Forschung) im Zusammenschau zu betrachten, mit dem Ziel, durch diese Verknüpfung die Nachteile einzelner Theorien auszugleichen und ihre Vorteile möglichst voll zum Nutzen der Sozialen Arbeit als Wissenschaft und Profession einsetzbar zu machen.

Nicht zuletzt weil meine persönlichen Prioritäten dem weniger radikalen Autopoiesiskonzept und der Theorie des relativen Konstruktivismus gelten, entschied ich mich, nicht einfach die Aussage der Handlungstheorie von Staub-Bernasconi zum Gegenstand Sozialer Arbeit - sozialem Problem - zu übernehmen, sondern diese sowohl aus autopoietischer Sicht (Maturana, Varela, Luhmann) als auch aus strukturfunktionalistischer Sicht (Lüssi) zu ergänzen.

Meines Erachtens stellt so eine Verknüpfung eine Bereicherung für die Handlungstheorie der Sozialen Arbeit dar, denn einerseits können wir nicht die von uns unabhängig existierende Welt einfach verleugnen, andererseits aber wissen wir, dass nicht die objektive Wirklichkeit eine Situation zu einem als subjektiv negativ empfundenen Ereignis (und hiermit ggf. zu einem sozialen Problem) macht, sondern unsere Meinung über diese Situation, unser Erleben deren.

Immer nur eine oder die andere Seite eines Problems zu betrachten kann insbesondere auf dem Gebiete des Sozialen verhängnisvoll sein.

Hierbei soll jedoch nicht der Eindruck erweckt werden, dass die AutorInnen (Heiner, Lüssi, Staub-Bernasconi) sich nicht bemühen, die verschiedenen systemtheoretischen Richtungen in ihre Überlegungen mit einzubeziehen. Die grundlegenden Prämissen und metatheoretischen Grundlagen bleiben jedoch unterschiedlich.

Es sei noch mal betont, dass mir es darum ging, gerade diese Unterschiedlichkeiten aufzuzeigen, denn je mehr Theorien in eine unter einem metatheoretischen Dach der Systemtheorie konzipierte Handlungstheorie der Sozialen Arbeit mit einfliessen, desto mehr wird diese dem mannigfaltigen Wissenschafts- und Handlungsfeld des helfenden Berufes gerecht, desto mehr haben wir die Chance, die Realität der KlientInnen adäquat zu erfassen, zu beschreiben und zu analysieren, um zur problemlösenden Intervention zu gelangen.

Verzeichnis der Abbildungen

Literaturverzeichnis

Bellebaum, A., Soziale Probleme, in: Deutscher Verein für öffentliche und private Fürsorge (Hg.), Fachlexikon der sozialen Arbeit, Frankfurt a. M.: Deutscher Verein für öffentliche und private Fürsorge - Eigenverlag, 3. Aufl., 1993, S. 857-858

Bertalanffy, L. v. /Beier, W./Laue, R., Biophysik des Fliessgleichgewichts, Braunschweig, 1977

Bertalanffy, L. v., General System Theory, New York: Braziller, 1968

Bunge, M., Scientific materialism, Dordrecht: Reidel, 1981

Bürgerliches Gesetzbuch vom 18. August 1896, hg. von Prof. Dr. Peter Storr, Regensburg: Walhalla, 1994.

Capra, F., Wendezeit, München: Knaur, (Neuausgabe), 1990

Engelke, E., Soziale Arbeit als Wissenschaft. Eine Orientierung, Freiburg im Breisgau: Lambertus, 1992

Foerster, H. v., Entdecken oder Erfinden, in: Gumin, H./Meier, H. (Hg.), Einführung in den Konstruktivismus, München: Piper, 1992, S. 41-87

Frank, P., Einstein, His Life and Times, New York: Knopf, 1965

Gerard, R. W., Concepts and Principles of Biology, in: Behavioral Science, Heft 3/1958, S. 95-102

Glasersfeld, E. v., Konstruktion der Wirklichkeit und des Begriffs der Objektivität, in: Gumin, H./Meier, H. (Hg.), Einführung in den Konstruktivismus, München: Piper, 1992, S. 9-40

Guttmann, H. A., Epistemologie, Systemtheorien und die Theorie der Familientherapie, in: Z. system. Ther. Jg. 3 (1/2), 1985, S. 13-20

Habermas, J./Luhmann, N., Theorie der Gesellschaft oder Sozialtechnologie - Was leistet die Systemforschung? Frankfurt a. M.: Suhrkamp, 1971

Hall, A. D. /Fagen, R. E., Definition of System in: Ruben/Kim (Hg.), General systems theory and human communication, Rochelle Park, N. J.: Hayden, 1975

Haupert, B., Vom Interventionalismus zur Professionalität. Programmatische Überlegungen zur Gegenstandsbestimmung der Sozialen Arbeit als Wissenschaft, Profession und Praxis, in: Neue Praxis, Heft 1/95, S. 32-50.

Heiner, M./Meinhold, M./Spiegel, H. v./Staub-Bernasconi S., Methodisches Handeln in der Sozialen Arbeit, Freiburg im Breisgau: Lambertus, 1994a

Heiner, M., Reflexion und Evaluation methodischen Handelns in der Sozialen Arbeit. Basisregeln, Arbeitshilfen und Fallbeispiele, in: Heiner, M. u.a., Methodisches Handeln in der Sozialen Arbeit, Freiburg im Breisgau: Lambertus, 1994b, S. 102-183

Heiner, M., Auf dem Weg zu einer Technologie methodischen Handelns ? Überlegungen zur Strukturierung professioneller Problembearbeitungsprozesse in der Sozialen Arbeit, in: Sozialmagazin, Heft 6/1995a, S 34-44

Heiner; M., Nutzen und Grenzen systemtheoretischer Modelle für eine Theorie professionellen Handelns (Teil I). Ansätze zu einer handlungstheoretischen Fundierung der Sozialen Arbeit, in: Neue Praxis, Heft 5/1995b, S. 427-441

Heiner, M., Nutzen und Grenzen systemtheoretischer Modelle für eine Theorie professionellen Handelns (Teil II). Ansätze zu einer handlungstheoretischen Fundierung der Sozialen Arbeit, in Neue Praxis, Heft 6/1995c, S. 525-546

Heinz, P., Über die Zukunft der Entwicklung, Bern: Haupt, 1974

Hejl, P. M., Soziale Systeme: Körper ohne Gehirne oder Gehirne ohne Körper?, in: DELFIN, Nr. VI, 3. Jg., H 2, 4/1986

Hejl, P. M., Konstruktion der sozialen Konstruktion: Grundlinien einer konstruktivistischen Sozialtheorie, in: Schmidt S. J. (Hg.), Der Diskurs des radikalen Konstruktivismus, Frankfurt a. M.: Suhrkamp, 1987, S. 303-339

Hejl, P. M., Konstruktion der sozialen Konstruktion, in: Gumin, H./Meier, H. (Hg.), Einführung in den Konstruktivismus, München: Piper, 1992, S. 109-146

Hollstein, W./Meinhold, M.(Hg.), Sozialarbeit unter kapitalistischen Produktionsbedingungen, Frankfurt a. M.: Fischer, 1973

Hollstein-Brinkmann, H., Soziale Arbeit und Systemtheorien, Freiburg im Breisgau: Lambertus, 1993

Holzer, H., Gesellschaft als System. Makrosoziologische Systemtheorie in der Soziologie der USA und der Bundesrepublik Deutschland, Frankfurt a. M.: Marxistische Blätter, 1977

Huschke-Rhein, R., Systemische Pädagogik Band I: Systempädagogische Wissenschaftslehre als Bildungslehre im Atomzeitalter, Köln: Rhein-Verlag, 1988

KJHG: Kinder- und Jugendhilfegesetz. Sozialgesetzbuch Achtes Buch, Textausgabe 1. Aufl. 1990, hg. vom Deutschen Verein für öffentliche und private Fürsorge, Frankfurt a. M.: Eigenverlag, 1990

Kneer, G./Nassehi, A., Niklas Luhmanns Theorie sozialer Systeme: Eine Einführung, München: Fink, 1993

Kritz, J., Grundkonzepte der Psychotherapie. Eine Einführung, Weinheim: Psychologie Verlags Union, 3. Aufl., 1991

Lamnek, S., Theorie abweichenden Verhaltens. Eine Einführung für Soziologen, Psychologen, Pädagogen, Juristen, Politologen, Kommunikationswissenschaftler und Sozialarbeiter, München: Fink, 5. Aufl., 1993

Laszlo, E. (ed.), Introduction to systems philosophy: toward a neu paradigm of contemporary thought, New York: Gorden und Breach, 1972

Laszlo, E (ed.), The new evolutionary paradigm: keynote volume, New York: Gordon und Breach, 1991

Ludewig, K., Die therapeutische Intervention - eine signifikante Verstärkung der Familienkohärenz im therapeutischen System, in: Schneider, Auf dem Weg zu einem Verständnis des psychotherapeutischen Prozesses, Bern: Huber, 1983, S. 78-95

Luhmann, N., Funktionale Methode und Systemtheorie, in: ders., Soziologische Aufklärung. Aufsätze zur Theorie sozialer Systeme, Opladen: Westdt. Verlag, 1970a, S. 31-53

Luhmann, N., Soziologie als Theorie sozialer Systeme, in: ders., Soziologische Aufklärung. Aufsätze zur Theorie sozialer Systeme, Opladen: Westdt. Verlag, 1970b, S. 113-136

Luhmann, N., Moderne Systemtheorien als Form gesamtgesellschaftlicher Analyse, in: Habermas, J./Luhmann, N, Theorie der Gesellschaft oder Sozialtechnologie - Was leistet die Systemforschung ?, Frankfurt a. M.: Suhrkamp, 1971

Luhmann, N., Soziale Systeme: Grundriss einer allgemeinen Theorie, Frankfurt a. M.: Suhrkamp, 2. Aufl., 1988a

Luhmann, N., Neuere Entwicklungen in der Systemtheorie, in: Merkur, Heft 42/1988b, S. 292-300

Luhmann, N., Reden und Schweigen, Frankfurt a. M.: Suhrkamp, 1989a

Luhmann, N., Vertrauen: ein Mechanismus der Reduktion sozialer Komplexität, Stuttgart: Enke, 3. Aufl., 1989b

Luhmann, N., Die Wissenschaft der Gesellschaft, Frankfurt a. M.: Suhrkamp, 1990

Luhmann, N., Operationale Geschlossenheit psychischer und sozialer Systeme, in: Fischer, H. R./Retzer, A./Schweitzer, J.(Hg.), Das Ende der grossen Entwürfe, Frankfurt a. M.: Suhrkamp, 1992, S. 117-131

Lüssi, P., Systemische Sozialarbeit. Praktisches Lehrbuch der Sozialberatung, Bern: Haupt, 2. Aufl., 1992

Maier, H., Ausgangspunkt war die praktische Hilfe. In den Anfängen war eine Fürsorgewissenschaft - Eine vergessene Traditionslinie der Sozialarbeitswissenschaft, in: Blätter der Wohlfahrtspflege, Heft 1+2/1995, S. 8-10

Maier, H., Kehrtwendung in der sozialen Arbeit: Armenküche und Wissenschaft - Perspektiven einer Sozialarbeitswissenschaft an Fachhochschulen, in, Forum KFH NW, Heft 7/1993, S. 19-24

Maturana, H. R./ Varela, F. J., Autopoietische Systeme: eine Bestimmung der lebendigen Organisation, in: Maturana, H. (Hg.), Erkennen. Die Organisation und Verkörperung von Wirklichkeit, Braunschweig und Wiesbaden: Vieweg, 1982, S. 170-235

Maturana, H./Varela, F., Der Baum der Erkenntnis, Bern, München und Wien: Scherz, 1987

Maturana, H. R., Gespräch mit Humberto R. Maturana, in: Riegas, V./Vetter, C.(Hg.), Zur Biologie der Kognition. Ein Gespräch mit Humberto R. Maturana und Beiträge zur Diskussion seines Werkes, Frankfurt a. M.: Suhrkamp, 1990, S. 11-90

Meinhold, M., Ein Rahmenmodell zum methodischen Handeln, in: Heiner, M. u.a., Methodisches Handeln in der Sozialen Arbeit, Freiburg im Breisgau: Lambertus, 1994, S. 184-217

Miller, J. G., Living Systems, New York: McGraw-Hill, 1978

Mühlum, A., Sozialarbeitswissenschaft - neue Chancen für theoriegeleitete Soziale Arbeit?, in: Sozialmagazin, Heft 11/1995, S. 29-37

Müller, K.D./Gehrmann, G., Wider die "Kolonialisierung" durch Fremddisziplinen. Für die Befreiung der Sozialarbeit von Fremdbestimmung und Bevormundung, in: Sozialmagazin, Heft 6/1994, S. 25-29

Obrecht, W., Zur Kritik des radikalen Konstruktivismus oder: Eine andere Art, systemisch zu denken, in: Zeitschrift für systemische Therapie, Heft 4/1991, S. 281-286

Obrecht, W., Kulturelle Codes und soziale Systeme. Eine naturalistische systemische Metatheorie für die Sozialwissenschaften. Unter besonderer Berücksichtigung der Soziologie, Zürich: Typoskript, 1994

Olszowi, E., Menschenbild und Struktur der TZI, 1974

Parsons, T., Das System moderner Gesellschaften, Weinheim und München: Juventa Verlag, 1985

Pincus, A./Minahan, A., Ein Praxismodell der Sozialarbeit, in: Specht, H. /Vickery, A. (Hg.), Methodenintegration in der Sozialarbeit, Freiburg in Breisqau: Lambertus, 1980, S. 96-148

Probst, G., Selbstorganisation, Berlin und Hamburg: Parey, 1987

Rapaport, A., Allgemeine Systemtheorie: wesentliche Begriffe und Anwendungen, Darmstadt: Darmstädter Blätter, 1988

Rauschenbach, T., Soziale Arbeit und soziales Risiko, in: Gängler, H. (Hg), Soziale Arbeit in der Risikogesellschaft, Neuwied, Kriftel, Berlin, 1992, S. 25-59

Ropohl, G., Ein systemtheoretisches Beschreibungsmodell des Handelns, in: Lenk (Hg.), Handlungstheorien interdisziplinär, München: Fink, 1980, S. 323-260

Roth, G., Selbstorganisation - Selbsterhaltung - Selbstreferentalität: Prinzipien der Organisation der Lebewesen und ihre Folgen für die Beziehung zwischen Organismus und Umwelt, in: Dress, A./Hedrichs, H./Küppers, G.(Hg.), Selbstorganisation, München: Piper, 1986

Salustowicz, P., Ohne Forschung keine Wissenschaft. Die Entwicklung der Sozialarbeitsforschung an Fachhochschulen steht erst am Anfang, in: Blätter der Wohlfahrtspflege, Heft 1+2/1995, S. 10-12

Scherpner, H., Theorie der Fürsorge, Göttingen: Vendenhoeck & Ruprecht, 1974

Schmidt, S., Vom Text zum Literatursystem, in: Gumin, H./Meier, H. (Hg.), Einführung in den Konstruktivismus, München: Piper, 1992, S. 147-166

Schneider K. (Hg.), Familientherapie in der Sicht psychotherapeutischer Schulen, Paderborn: Junfermann, 1983

Simon, F./Sterlin, H., Die Sprache der Familientherapie: Ein Vokabular, Stuttgart: Klett-Cotta, 1984

Spiegel, v. H., Arbeitshilfen für das methodische Handeln, in: Heiner, M. u.a., Methodisches Handeln in der Sozialen Arbeit, Freiburg im Breisgau: Lambertus, 1994, S. 218-287

Stachowiak, H., Denken und Erkennen im kybernetischen Modell, Wien: Springer-Verlag, 1965

Stark, C., Autopoiesis und Integration, Eine kritische Einführung in die Luhmannsche Systemtheorie, Hamburg: Kovac, 1994.

Staub-Bernasconi, S., Soziale Probleme - Dimensionen ihrer Artikulation. Umrisse einer Theorie Sozialer Probleme als Beitrag zu einem theoretischen Bezugsrahmen Sozialer Arbeit, Diesssenhofen: Rüegger, 1983a

Staub-Bernasconi, S., Ein ganzheitliches Methodenkonzept - Wunschtraum? Chance? Notwendigkeit? Problembezogene Arbeitsweisen in der Sozialen Arbeit, in: Staub-Bernasconi, S./Passavant, v. C./Wagner, A. (Hg.), Theorie und Praxis der Sozialen Arbeit, Bern: Haupt, 1983b, S. 277-318

Staub-Bernasconi, S., Soziale Arbeit als eine besondere Art des Umgangs mit Menschen, Dingen und Ideen, in: Sozialarbeit, Heft 10/1986, S. 2-71

Staub-Bernasconi, S., Soziale Probleme - soziale Berufe - soziale Praxis, in: Heiner, M. u.a., Methodisches Handeln in der Sozialen Arbeit, Freiburg im Breisgau: Lambertus, 1994, S. 11-101

Staub-Bernasconi, S., Systemtheorie, soziale Probleme und Soziale Arbeit: lokal, national, international oder: vom Ende der Bescheidenheit, Bern: Haupt, 1995

Thole, W., Stichworte zu einigen Fragen und Problemen Sozialer Arbeit. Sozialarbeitswissenschaft - "Wiederendeckte Heimat" oder Theorieputsch ohne Theorie?, in: Sozialmagazin, Heft 2/1995, S. 35-43.

Tillmann, J., Annäherungen an eine Sozialarbeitswissenschaft, in: Evangelische Fachhochschule Hannover: Annäherung an eine Sozialarbeitswissenschaft, Hannover, 1993

Tyrell, H., Anfragen an die Theorie der gesellschaftllichen Differenzierung. In: Zeitschrift für Soziologie, 7. Jg. S. 175-193, 1978

Vester, F., Neuland des Denkens, München: dtv, 1984

Watzlawick, P., Wirklichkeitsanpassung oder angepasste "Wirklichkeit", in: Gumin, H./Meier, H. (Hg.), Einführung in den Konstruktivismus, München: Piper, 1992, S. 89-108

Wehrt, H., Über Irreversibilität, Naturprozesse und Zeitstruktur, in: Weizsäcker (Hg.) 1974, S. 114-199.

Wendt, R. W., Wissen ordnen für die soziale Arbeit, in: Blätter der Wohlfahrtspflege, Heft 1+2/1995, S. 5-7

Willke, H., Systemtheorie. Eine Einführung in die Grundprobleme der Theorie sozialer Systeme, Stuttgart und New York: Fischer, 3. Aufl., 1991

Zahn, M., System, in: Krings et al. (Hg.) 1974